DIE FEINE
KÜCHE
IN BERLIN

DIE FEINE KÜCHE IN BERLIN

ERLESENE MENÜS AUS DEN BESTEN KÜCHEN DER STADT

HERAUSGEGEBEN
VON MARGARETE RAHN
UND GÜNTHER FANNEI

NICOLAI

Konzeption: Günther Fannei
Gestaltung und Typografie: Uli Mayer
Fotografie: Georg Niedermeiser, Berlin
Fotoarrangements: Margarete Rahn
Foodstyling, Menüs und Rezepte:
Die beteiligten zwölf Berliner Köche
Rezeptbearbeitung und Redaktion:
Margarete Rahn, Günther Fannei,
Ulrich Moritz, Thomas Platt
Glossare: Thomas Platt
Weinempfehlungen: Philippe Causse, Viniculture, Berlin
Fotosatz: FAB Graphik-Design KG, Berlin
Offsetlithos: O.R.T. Kirchner + Graser GmbH, Berlin
Druck: H. Heenemann GmbH & Co, Berlin
Einband: Lüderitz und Bauer GmbH, Berlin
Papier: Phoenix-Imperial, halbmatt 170 g/m² der
Papierfabrik Scheufelen GmbH & Co KG, Lenningen
Printed in Germany
ISBN: 3-87584-230-8

INHALT

Alle Rezepte sind,
wenn nicht anders vermerkt,
für vier Personen berechnet.

VORWORT

Berlins gastronomische Kultur und Geschichte können sich sehen lassen. In dieser Tradition steht auch heute eine Vielzahl von Restaurants mit feinster Küche und hohem Anspruch. Die beeindruckende Aufwärtsentwicklung in den letzten Jahren beweist, daß diese im besten Sinne europäische Stadt auch auf kulinarischem Gebiet wieder zur internationalen Spitze gehört. Die Köche der Stadt behaupteten, zuletzt in den zwanziger Jahren, eine herausragende Position, die sie heute wieder selbstbewußt anstreben. Vergleiche brauchen sie jedenfalls nicht zu scheuen.

Dafür gibt es gute Gründe. In Berlin präsentierte sich schon immer große Gastronomie. Die Bereitschaft, Einflüsse von außen vorbehaltlos, aber kreativ aufzunehmen und zu integrieren, war und ist hierzu die berlintypische Voraussetzung. Sie spiegelt sich in der Herkunft der in diesem Buch vorgestellten Köche ebenso wie in ihren Menükompositionen. Spezialitäten und Einflüsse aus allen deutschen und europäischen Regionen steigern sich hier zu einer feinen Küche mit eigenem Charakter.

Glanzvoller Repräsentant klassischer Berliner Tafelkultur ist die 1763 von Friedrich dem Großen gegründete Königliche Porzellan-Manufaktur. Was liegt näher, als die Kunst Berliner Köche auf zwölf edlen Servicen zu zeigen, mit denen die KPM 225 Jahre Porzellangeschichte gemacht hat.

Zwölf erlesene Berliner Menüs mit sechzig Gängen aus den besten Küchen der Stadt sind ein Angebot, von dem Berliner und Berlin-Besucher noch vor wenigen Jahren nicht zu träumen wagten. Heute genießen sie die Qual der Wahl. Das Problem der Herausgeber war es nicht, genügend Spitzenköche und Rezepte für dieses Buch zu finden, sondern eine gerechte, wenn auch unvermeidlich subjektiv geprägte Auswahl zu treffen.

Margarete Rahn
Günther Fannei

DAS JANUAR-MENÜ:

SPANFERKELROULADE
MIT GÄNSELEBER,
HAGEBUTTENKOMPOTT
UND STEINPILZSALAT

KRAFTBRÜHE
MIT MARKPUDDING

BORSCHTSCH
VOM KARPFEN

HASENRÜCKEN
MIT LINSENTÖRTCHEN

BIRNENGRATIN
MIT WEISSBIERSABAYON
UND HASELNUSSEIS

BERNHARD SCHAMBACH
Bristol Hotel Kempinski

DAS FEBRUAR-MENÜ:

TERRINE VOM
GERÄUCHERTEN AAL AUF
BRUNNENKRESSESCHAUM
MIT KEIMLINGSSALAT

KALBSSCHWANZESSENZ
MIT WINTERGEMÜSE

WIRSINGKOHLROULADE
MIT ZANDER
UND KREBSEN
AUF KREBSSAUCE

REHRÜCKEN
IN BALSAMESSIG,
PFIFFERLINGE,
ZWIEBELLAUCH UND
GRATIN VON KARTOFFELN

WARME ORANGENTORTE
AUF MOKKASCHAUM
MIT RUMFRÜCHTEN

SIEGFRIED ROCKENDORF
Rockendorfs Restaurant

DAS MÄRZ-MENÜ:

HECHT-KARPFEN-
SÜLZE MIT APFEL-
VINAIGRETTE

TAUBENKRAFTBRÜHE
MIT GRAUPEN

HÜHNERFRIKASSEE

GEFÜLLTER OCHSEN-
SCHWANZ AUF
LEIPZIGER ALLERLEI
MIT MORCHELN
UND KARTOFFELPUFFERN

GEFÜLLTER
BIENENSTICH MIT
FRÜCHTEN

DETLEF KORTENHOFF
Hotel Steigenberger

DAS APRIL-MENÜ:

LACHS GEBEIZT MIT
SCHNITTLAUCH UND
KOKOSRASPEL

KAROTTENSUPPE
MIT MINZE

KASSEROLLE MIT
FLUSSKREBSEN UND
HECHTKLÖSSCHEN

LAMMRÜCKEN MIT
ZWIEBELCONFIT UND
WURZELGEMÜSE

ZITRONENSOUFFLÉ MIT
ERDBEERMARK

DANIEL BORDIER
Restaurant La Puce

DAS MAI-MENÜ:

SALAT VON KALBSLEBER
MIT GELBEN LINSEN

SAUERAMPFERCREME MIT
QUARKKLÖSSCHEN

SCHOLLENFILET
IN RIESLING
MIT WALDMEISTER

KANINCHENRÜCKEN
MIT JUNGEN GEMÜSEN

VANILLECREME
MIT HEISSEN HIMBEEREN

SIEGFRIED STIER
Restaurant Trio

DAS JUNI-MENÜ:

RINDFLEISCHSÜLZE
AN SALAT VON
LINSENKEIMLINGEN

ERBSENCREMESUPPE

ROTBARSCHFILET
MIT SAFRAN
IM MANGOLDBLATT

MILCHKALBSKOTELETT,
GEFÜLLT MIT PILZEN

RHABARBERSUPPE
MIT INGWER-EIS

KARL WANNEMACHER
Restaurant Alt Luxemburg

DAS JULI-MENÜ:

MARINIERTER HAVELZANDER AN SALAT

APFEL-STAUDENSELLERIE-SUPPE MIT MINZKLÖSSCHEN

CASSOLETTE VON HUMMER UND MORCHELN

POCHIERTE RINDER-BRUST IN LIMONENRAHM

PARFAIT VON SOMMERTRÜFFELN MIT PFIRSICH UND FRÜCHTESPIEGEL

PETER KÖNEMANN
Restaurant Hemingway's

DAS AUGUST-MENÜ:

DAHLEMER ZWERGHUHN-SOLEIER

SPREEWÄLDER HOCHZEITSSUPPE

HAVELZANDER MIT RÄUCHERLACHS AUF KRESSESAUCE

PERLHUHNBRUST MIT ROTWEINNUDELN

BERLINER GLÜCKSKLEE

DIETER LECKELT
ehemaliges Restaurant Ritz

DAS SEPTEMBER-MENÜ:

FLUSSKREBSE
MIT KÜRBISKUGELN UND
PAPRIKAVINAIGRETTE

PETERSILIEN-
WURZELESSENZ MIT
GÄNSELEBERNOCKEN IN
DER BLÄTTERTEIGHAUBE

GRANITÉ
VON BERLINER WEISSE
MIT HIMBEEREN

ENTENBRUST
MIT KARTOFFEL-APFEL-
GRATIN,ROTE BETE UND
STECKRÜBCHEN

BAUMKUCHEN-SAVARIN
MIT SAUERKIRSCHEN UND
MOHN-HONIG-EIS

HEINZ-HERMANN PANNING
Hotel Berlin

DAS OKTOBER-MENÜ:

CARPACCIO VOM REH MIT
STEINPILZTATAR

LACHS IN BROCCOLI-
FARCE, IM SCHWEINENETZ
GEBRATEN

ZANDER IN KOHL

JUNGSCHWEINRÜCKEN
MIT BROTKRUSTE,
GRÜNEN BOHNEN
UND PFIFFERLINGEN

ZIMT-KEILCHEN
MIT BACKPFLAUMEN UND
VANILLESAUCE

PETER FRÜHSAMMER
Restaurant An der Rehwiese

DAS NOVEMBER-MENÜ:

STOPFLEBERTERRINE MIT ROTWEIN-QUITTENGELEE UND GEMÜSEBRIOCHE

GRÜNE LINSENCREME-SUPPE MIT KREBS-KLÖSSCHEN

KARPFEN IN CIDRE-APFELSAUCE

REHRÜCKENSCHEIBEN IN WEISSKOHL MIT HASELNUSS-SAUCE

BERLINER PFANNKUCHEN MIT GEWÜRZEIS UND RUMTOPFFRÜCHTEN

THOMAS KNAB
Hotel Intercontinental

DAS DEZEMBER-MENÜ:

KALBSBRIES MIT TRÜFFELVINAIGRETTE UND TRÜFFELBRIOCHE AN SALAT

CONSOMMÉ MIT LANGOUSTINOS

SCHLEI SOUFFLIERT MIT KAVIARSAHNE

IN HONIG GLASIERTE GÄNSEBRUST MIT KARTOFFELPRALINE UND AHORNSIRUP-APFEL

CREMEGUGELHUPF

FRANZ RANEBURGER
Restaurant Bamberger Reiter

EINLEITUNG

Hier können und sollen keine neuen Sterne verteilt werden. Die feine Küche in Berlin möchte Genießern und Freunden feiner Tafelkultur vielfältige Anregungen zur Gestaltung anspruchsvoller Gastlichkeit im privaten Rahmen bieten. Nicht mehr und nicht weniger.

Die übersichtliche Zusammenstellung aller zwölf Menüs und ihrer sechzig Gänge auf den voranstehenden Seiten läßt ahnen, wie unerschöpflich die Möglichkeiten individueller Zusammenstellung und Speisenfolgen sind. Die einzelnen Menüs sind inhaltlich und thematisch bewußt auf die jeweils aktuellen Frischprodukte der Saison abgestimmt. Das internationale Marktangebot erlaubt es jedoch, ganzjährig frische Produkte bester Qualität einzukaufen und so den Kalender der kulinarischen Jahreszeiten selbst zu bestimmen.

Nicht allein zur Freude der Augen sind diese Menüs kreativ komponiert, aus besten Zutaten zubereitet, kunstvoll angerichtet und nicht zuletzt aufwendig dokumentiert worden. Die Rezepte wurden mit Kenntnis und Erfahrung für das perfekte Gelingen in der privaten Küche bearbeitet und verfeinert. Auf Verfügbarkeit der Zutaten, eine realistische Vorratshaltung und praxisgerechte Mengenangaben wurde ebenso Wert gelegt wie auf nachvollziehbare Zubereitungsschritte und unkompliziertes, aber effektvolles Anrichten.

Die Weinempfehlungen konzentrieren sich auf ausgewählte, aber in guten Vinotheken auffindbare französische Tropfen. Ebenso empfehlenswert sind die Erzeugnisse vieler italienischer und neuerdings verstärkt deutscher Winzer und Weingüter, die erlesene Spitzenweine pflegen und ausbauen. Doch nach wie vor erlauben französische Weinetiketten dem Kenner die sicherste und zuverlässigste Qualitätsbestimmung und Auswahl.

Die feine Küche in Berlin ermöglicht es engagierten Genießern und Gastgebern, eindrucksvolle kulinarische Kompositionen im Sinne und im Stil von zwölf Meistern der Kochkunst selbst zu präsentieren.

Köche, Herausgeber und Autoren wünschen gutes Gelingen und erlesenen Genuß.

Thomas Knab · Daniel Bordier · Christian Thomasow · Bernhard Schambach · Siegfried Stier
Peter Könemann · Karl Wannemacher · Margarete Rahn · Detlef Kortenhoff · Franz Raneburger
Siegfried Rockendorf · Heinz-Hermann Panning · Peter Frühsammer · Dieter Leckert
(Da Siegfried Stier und Christian Thomasow vom Restaurant Trio hier als Duo auftreten, präsentieren sich auf diesem «Köchebild mit Dame» dreizehn Herren für zwölf Menüs.)

DAS JANUAR-MENÜ:

SPANFERKELROULADE
MIT GÄNSELEBER, HAGEBUTTENKOMPOTT
UND STEINPILZSALAT

KRAFTBRÜHE MIT MARKPUDDING

BORSCHTSCH VOM KARPFEN

HASENRÜCKEN
MIT LINSENTÖRTCHEN

BIRNENGRATIN MIT
WEISSBIERSABAYON UND HASELNUSSEIS

Die Weinempfehlung:

Mercurey Rouge
1er Cru
Clos de Corvée
Côte Chalonnaise
Burgund

SPANFERKELROULADE MIT GÄNSELEBER, HAGEBUTTENKOMPOTT UND STEINPILZSALAT

Für die Spanferkelroulade:

400 g Spanferkelbrust ohne Knochen
1/4 Bund Suppengrün
1 Zweig Thymian · 1/2 Lorbeerblatt
6 Pfefferkörner · 3 Gewürzkörner
250 g Gänsestopfleber
2 cl Cognac
Pfeffer · Salz
Pastetengewürz

Die Leber abziehen, von Sehnen befreien und in Stücke zerteilen. Salzen, pfeffern und mit einer Messerspitze Pastetengewürz bestreuen. Mit dem Cognac begießen und über Nacht im Kühlschrank zugedeckt marinieren lassen. Die Spanferkelbrust mit Suppengrün und Gewürzen weich kochen und trockenliegend abkühlen lassen. Dann quer in dünne Scheiben schneiden. Die Scheiben überlappend legen, mit der Gänseleber füllen und fest zusammenrollen. Anschließend in Folie rollen und über Nacht kühlen lassen. Am nächsten Tag in Scheiben schneiden.

Für das Hagebuttenkompott:

250 g Hagebutten · 1/8 l Weißwein
150 g Zucker
Saft 1/2 Zitrone und etwas Schale
2 Nelken · 1/2 kleine Ingwerknolle
1/2 cm Stangenzimt · 1 Strich Muskatnuß

Die gereinigten, entkernten Hagebutten mit den angegebenen Zutaten aufkochen und garziehen lassen. Den Fond abgießen, reduzieren und wieder über die Früchte geben, zuvor die Gewürze entfernen.

Für den Salat:

80 g Feldsalat · 100 g Steinpilze
4 schöne Walnüsse oder Walnußkerne
Walnußöl · Salz · Pfeffer · Fruchtessig

Den geputzten Feldsalat und die in Scheiben geschnittenen Steinpilze mit der Salatsauce und den Walnüssen anrichten.

Anrichten:

Den Salat abtropfen lassen, auf die Teller verteilen, mit Walnüssen garnieren und einen Klecks Hagebuttenkompott an die Seite legen. Zuletzt die Spanferkelroulade dazulegen.

KRAFTBRÜHE MIT MARKPUDDING

Anrichten:
Zuerst je einen Markpudding in die angewärmten Teller stürzen, dann die Suppe vorsichtig dazugießen.

Für die Brühe:

400 g Rinderknochen
400 g Rindfleisch
1/2 Zwiebel · 1/2 Bund Suppengrün
1 Lorbeerblatt · 1 Nelke
2 Gewürzkörner

Mit 2 l Wasser aus den angegebenen Zutaten eine Brühe kochen und durch ein Sieb gießen. Im Kühlschrank abkühlen und entfetten. Einen Eßlöffel Gemüse für den Markpudding aufheben.

Für die Klärmasse:

300 g Rindfleisch
20 g Porree · 20 g Möhren
20 g Sellerie · 1 Tomate
1/2 Zwiebel · 2 Eiklar

Fleisch und Gemüse durch die grobe Scheibe des Fleischwolfs drehen. Das Eiweiß mit dem Schneebesen schlagen, gut untermischen. Die kalte Brühe zugeben und unter Rühren langsam bis zum Aufwallen erhitzen. 30 Minuten ziehen lassen, durch ein Tuch passieren und nachwürzen.

Für den Markpudding:

60 g blanchiertes Ochsenmark
100 g geriebenes Weißbrot
1 Ei · Salz · 20 g Butter
Muskat · 1 TL gehackte Petersilie
1 EL in Würfel geschnittenes Gemüse aus der Brühe

Das gewürfelte Ochsenmark in Butter anschwitzen und etwas zerlaufen lassen. Gemüse, Petersilie, Weißbrot und Eigelb dazugeben. Den Eischnee unterheben.

Vier Förmchen ausbuttern, mit Weißbrot ausstreuen und die Masse auffüllen. Im Wasserbad im Ofen bei 150 Grad ca. 45 Minuten ausbacken.

Die Förmchen auf die Teller stürzen und mit der heißen Brühe umgießen.

Die Weinempfehlung:

Chablis 1er Cru
Montée de Tonnerre
Chablis
Burgund

BORSCHTSCH VOM KARPFEN

Für den Borschtsch:

1/2 l Brühe · 1 kleine Rote Bete
1 Fenchel · 1 Möhre
1 kleiner Sellerie · 1 Stange Porree
1 Zweiglein Dill · 20 g Butter
8 Blatt Salbei · Nelke · Lorbeer · Pfeffer

Die Rote Bete mit der Schale in Salzwasser kochen, schälen und tournieren (in gefällige Stücke schneiden). Fenchel, Möhren, Sellerie und Porree putzen und tournieren. Mit den Gewürzen in der Brühe bißfest kochen und abgießen. Die Salbeiblätter in Butter anschwitzen und dazugeben. Die Gemüse bis zum Anrichten warm stellen.

Für den Karpfen:

480 g Karpfenfilet
1 Schalotte · 1 Zehe Knoblauch
40 g Butter
1/4 l Kwaß (Reformhaus)
1 kleine Rote Bete
1/4 l saure Sahne

Das Karpfenfilet in 4 Portionen teilen, waschen und 1/2 Stunde in kaltes Salzwasser legen. Die gehackten Schalotten mit dem Knoblauch in etwas Butter anschwitzen. Das abgetrocknete Karpfenfleisch dazugeben und den Kwaß angießen. Aufkochen und ca. 8 Minuten ziehen lassen. Die Karpfenfilets herausnehmen und warm stellen. Die geschälte, geraspelte Rote Bete in den Fond geben und fast ganz einkochen lassen. Saure Sahne angießen, köcheln lassen und abschmecken. Den Rest kalte Butter unterschlagen.

Anrichten:

Sauce auf die Teller verteilen, das Gemüse hübsch anrichten und die Karpfenfilets auf die Sauce legen.

Die Weinempfehlung:
Chambolle Musigny
Côte de Nuits
Burgund

HASENRÜCKEN MIT LINSENTÖRTCHEN

HASENRÜCKEN MIT LINSENTÖRTCHEN

Für den Hasenrücken:

2 Hasenrücken · 50 g Butter

Filets enthäuten und vom Knochen lösen, das Fleisch zum Marinieren in eine Schüssel legen. Haut und Knochen für den Fond aufheben.

Für die Marinade:

10 Pfefferkörner · 4 Wacholderbeeren
etwas Thymian · 1 EL Öl
4 EL Rotwein

Die Gewürze grob zerdrücken, Rotwein und Öl dazumischen. Das Fleisch mit 2 EL Marinade bestreichen und über Nacht ziehen lassen.
Die Filets sorgfältig trocknen. In Butter 5 bis 8 Minuten schön rosa braten, salzen und pfeffern. Vor dem Anrichten wenige Minuten ruhen lassen.

Für den Saucenfond:

50 g Möhren · 50 g Sellerie
1/2 Zwiebel · 1/2 l Rotwein
1 EL Preiselbeeren
Öl · Butter
Marinade · Haut · Knochen

Die zerkleinerten Rückenknochen und die Haut mit wenig Öl und Butter anbraten, Möhren, Sellerie und Zwiebel dazugeben, rösten lassen. Mit Rotwein ablöschen und köcheln lassen. 2 EL der Marinade und die Preiselbeeren dazugeben und bis zur gewünschten Menge einkochen lassen. Anschließend durch ein feines Sieb streichen.

Für die Beilagen:

4 große Backpflaumen
600 g Teltower Rübchen · 4 Schalotten
Salz · Pfeffer
Butter · Marinade

Die am Vorabend eingeweichten Backpflaumen im eigenen Fond dünsten. Die Schalotten schälen, vierteln und in Butter anbraten. Mit dem Rest der Marinade angießen und gar dünsten. Die Rübchen putzen, in Butter Farbe nehmen lassen und in wenig Wasser gar dünsten. Alle Gemüse warm stellen.

Für die Linsentörtchen:

125 g Linsen · 1 Kartoffel
25 g Butter · 1 Ei
1 EL Suppengemüse, gewürfelt
1/2 Lorbeerblatt
1/4 l Brühe · wenig Mehl
Majoran · 1 Ei
50 g magerer Speck,
in feine Streifen geschnitten

Das Gemüse in der Hälfte der Butter anschwitzen. Die über Nacht eingeweichten Linsen dazugeben, mit der Brühe angießen und weichkochen.
Kartoffel schälen und weich kochen. Zusammen mit den abgegossenen Linsen auf ein Sieb geben. Mit einem Eigelb fein zerdrücken und verrühren, dann mit Salz und Majoran abschmecken. Auf einem bemehlten Brett aus der Masse eine Rolle formen und Scheiben schneiden. Diese in Mehl wälzen. Speck blanchieren und in der Pfanne kross ausbraten. Die Linsenscheiben im Speckfett knusprig braten.

Anrichten:
Den Hasenrücken in schräge Scheiben schneiden, auf den Tellern mit Backpflaumen, Rübchen, Schalotten, den Linsentörtchen und dem Speck anrichten.

Die Weinempfehlung:

Vouvray Demi-Sec
Vin pétillant
Loire

BIRNENGRATIN MIT WEISSBIERSABAYON UND HASELNUSSEIS

Für das Birnengratin:

2 große reife Birnen
Honig
Zucker · Butter

Birnen schälen, halbieren und das Kerngehäuse entfernen. Mit der flachen Seite nach unten legen, quer in feine Streifen schneiden und etwas flach drücken. In eine gebutterte Form legen. Mit Honig bestreichen, mit etwas Zucker bestreuen und Butterflöckchen darübergeben. Bei mittlerer Hitze 25 Minuten im Ofen backen. Zwischendurch mit dem sich bildenden Sud begießen.

Für den Sabayon:

1/8 l Weißbier
4 Eigelbe · 1/2 Eiweiß
20 g Zucker · 1 TL geriebener Ingwer
Saft von 1/2 Zitrone

Die Zutaten in eine Schüssel geben und über Wasserdampf schaumig schlagen.

Für das Haselnußeis:

Es ist sinnvoll, für das Eis ein fertiges Produkt zu nehmen. Ist ein gutes Haselnußeis nicht verfügbar, können es auch Kugeln von Vanilleeis sein, die mit gehackten, karamelisierten Haselnüssen bestreut werden. Zum Karamelisieren die gehackten Nüsse in eine gebutterte Pfanne streuen. 1 EL Zucker dazugeben und sie unter ständigem Rühren rösten, bis sie die gewünschte Farbe annehmen.

Es müssen zwar immer die besten, nicht aber die teuersten Produkte sein, die gehobene Eßkultur ausmachen.

Bernhard Schambach komponierte in diesem Sinne bodenständig und raffiniert zugleich im Bristol Hotel Kempinski sein Silvestermenü.

Schon die Spanferkelroulade ist urberlinerisch, wobei die Füllung aus Gänsestopfleber dem schlichten Schweinefleisch eine luxuriöse Note verleiht.

Die Kraftbrühe mit feiner Einlage aus Ochsenmark stimuliert den Appetit und macht auf weitere kulinarische Erlebnisse neugierig.

Für ein echtes Berliner Neujahrsfest ist Karpfen unabdingbar. Bernhard Schambachs Borschtsch vom Karpfen erinnert zudem an die ausgelassenen Silvesternächte, wie sie im «russischen Berlin» der Emigranten in den zwanziger Jahren gefeiert wurden.

Die Kunst in der feinen Berliner Küche zeigt sich besonders im kreativen Umgang mit anspruchslosen Dingen wie Linsen. Zu Törtchen verarbeitet sind sie hier eine ideale Beigabe zum kurzgebratenen Hasenrücken.

Die duftige Creme aus spritziger Berliner Weiße mit Birnengratin und Haselnußeis ist in farblich feiner Abstimmung eine Schmeichelei für Auge und Gaumen.

Dieses Menü präsentiert sich auf dem streng klassizistischen Tafelgeschirr «Kurland Gold», das um 1780 von Friedrich Elias Meyer entworfen wurde. Das mit der Feder gezeichnete, reiche Golddekor akzentuiert die reliefierten Tuchgehänge.

Die mit dem gleichen Dekor ausgestatteten Gläser unterstreichen den festlichen Rahmen. Das Besteck «Malmaison Gold» aus dem Hause Christofle Paris vervollständigt das elegante Bild der Silvestertafel, auf der der reich bemalte Zuckerkorb aus der Zeit nicht fehlen darf.

DAS FEBRUAR-MENÜ:

TERRINE VOM GERÄUCHERTEN AAL
AUF BRUNNENKRESSESCHAUM
MIT KEIMLINGSSALAT

KALBSSCHWANZESSENZ
MIT WINTERGEMÜSE

WIRSINGKOHLROULADE MIT ZANDER
UND KREBSEN AUF KREBSSAUCE

REHRÜCKEN IN BALSAMESSIG,
PFIFFERLINGE, ZWIEBELLAUCH UND
GRATIN VON KARTOFFELN

WARME ORANGENTORTE
AUF MOKKASCHAUM MIT RUMFRÜCHTEN

Die Weinempfehlung:

Mâcon-Villages
Mâconnais
Burgund

TERRINE VOM GERÄUCHERTEN AAL AUF BRUNNENKRESSESCHAUM MIT KEIMLINGSSALAT

Für die Terrine:

500 g geräucherter Aal
mit Haut und Gräten
1/4 l Sahne · 2 EL Crème fraîche
1/4 l Fischfond · 6 Blatt Gelatine
1 Bund Brunnenkresse
2 EL geschlagene Sahne
Salz · Pfeffer
1 Form von ca. 500 g Fassungsvermögen

Den Aal häuten und filieren. Die Filets als Einlage beiseite stellen. Haut und Gräten mit der Sahne, der Crème fraîche und dem Fischfond (s. Glossar) aufkochen und ca. 12 Minuten langsam köcheln lassen. Mit Salz und Pfeffer aus der Mühle abschmecken, passieren und auf 1/2 l einkochen. Die eingeweichte Gelatine im warmen Fond auflösen und kalt stellen. Die Aalfilets schichtweise in die Form geben und mit dem abgekühlten, aber noch flüssigen Fond übergießen. Jede Schicht muß erst fest sein, bevor die nächste Schicht daraufgegeben wird. Eine Nacht durchkühlen lassen.

Für den Kresseschaum:

1 Bund Brunnenkresse
1/4 l Schlagsahne

Brunnenkresse ca. 3 Minuten in kochendem Wasser blanchieren und danach im Eiswasser abschrecken. Im Mixer pürieren, mit geschlagener Sahne aufschlagen und abschmecken.

Für den Keimlingssalat:

Linsenkeimlinge
oder andere Keimlingssorten

Keimlinge auslesen und mit Zitronensaft marinieren.

Für die Garnitur:

2 Berliner Strippen (Bundaale)
4 Zweiglein Dill · Kapuzinerkresse

Bundaale filieren und beiseite stellen.

Anrichten:
Den Kresseschaum auf den Tellern verteilen. Die Aalterrine mit einem heißen Messer in Scheiben schneiden und darauf anrichten. Mit den Bundaalstückchen, dem Keimlingssalat, der Kapuzinerkresse und dem Dill garnieren und mit geröstetem Graubrot servieren.

KALBSSCHWANZESSENZ MIT WINTERGEMÜSE

Für die Essenz:

1 1/2 kg Kalbsschwanz in Stücke geschnitten
4 cl Öl · 6 cl weißer Portwein
200 g Röstgemüse
(Möhren, Sellerie, Zwiebeln)
2 frische Tomaten, entkernt und gehäutet
1 1/2 l kaltes Wasser
1 Lorbeerblatt · 1 Zweig Thymian
1 Zweig Liebstöckel

Öl im Bräter erhitzen und den Kalbsschwanz goldbraun anbraten. Öl und Bratfett abgießen und das Röstgemüse dazugeben. Anrösten, mit Portwein ablöschen, mit dem kalten Wasser einmal aufkochen und abschäumen. Dann die Tomaten, die Gewürze, Salz und Pfeffer aus der Mühle dazugeben und ca. 2 Stunden langsam köcheln lassen. Zwischendurch abschäumen, dann passieren. Das Fleisch von den Knochen lösen und für die Einlage beiseite stellen. Die Brühe zum Abfetten kalt stellen.

Anrichten:
In 4 heiße Suppenteller die Gemüse und das Fleisch verteilen und mit der Essenz auffüllen.

Für die Klärmasse:

300 g Kalbshack · 4 Eiweiße

Am nächsten Tag die Brühe entfetten. Das Kalbshack mit dem Eiweiß vermischen, kräftig durchrühren und in ein Weckglas von 1 1/2 l geben. Die kalte Brühe auffüllen und verschließen. Im Wasserbad bei ca. 80 Grad 2 1/2 Stunden ziehen lassen.

Für die Garnitur:

1 Möhre · 1/2 Sellerie
1 Stange Lauch · 1 Bund glatte Petersilie
2 cl weißer Portwein

In der Zwischenzeit das Garniturgemüse putzen, nach Belieben in Form schneiden oder ausstechen und blanchieren.
Die Brühe durch ein Tuch passieren, nochmals abschmecken und einen Schuß Portwein dazugeben.

Die Weinempfehlung:

Pernand-Vergelesses
Côte de Beaune
Burgund

WIRSINGKOHLROULADE MIT ZANDER UND KREBSEN AUF KREBSSAUCE

Für die Rouladen:

4 Wirsingkohlblätter, blanchiert
200 g Zanderfilet
1 EL Butter · 4 cl Weißwein

Je 50 g Zander in die gewürzten Wirsingblätter einschlagen. In einer Kasserolle mit Butter und Weißwein bei 180 - 200 Grad ca. 12-15 Minuten im Ofen garen.

Für die Krebse:

20 Stück Krebse · 1 TL Kümmel
2 Zweige Dill · 1 Stange Lauch
1 Möhre · 100 g Sellerie
4 cl Weißwein

Krebse im Kümmel-Dill-Sud ca. 3 Minuten kochen und ausbrechen. 4 Stück als Garnitur zurückstellen.

Für die Krebssauce:

100 g Gemüse (Möhre, Sellerie, Zwiebel)
2 Tomaten · 50 g Krebsbutter
1/4 l Sahne · 2 EL Crème fraîche
2 cl Weinbrand · 4 cl Weißwein
50 g kalte Butter · 1/2 l Krebsfond
Salz · Pfeffer

Krebskarkassen zerkleinern und anrösten, das Gemüse und die abgezogenen und entkernten Tomaten dazugeben. Mit Weißwein, Weinbrand und der Hälfte des Krebskochwassers ablöschen. Sahne, Crème fraîche und Krebsbutter dazugeben und ca. 1/2 Stunde kochen lassen. Dann passieren, bis auf 1/2 l einkochen lassen und mit der kalten Butter aufschlagen.

Für die Beilage:

1 Stange Lauch · 1 Möhre
100 g Sellerie · 4 cl Weißwein

Aus den Gemüsen feine Streifen schneiden, in Weißwein heiß schwenken und abgedeckt beiseite stellen.

Anrichten:

Sauce auf 4 heiße Teller verteilen, Kohlroulade in die Mitte setzen, mit dem Krebs, den Krebsschwänzen und den Gemüsestreifen garnieren.

Die Weinempfehlung:
Pommard Rugiens
Côte de Beaune
Burgund

REHRÜCKEN IN BALSAMESSIG, PFIFFERLINGE, ZWIEBELLAUCH UND GRATIN VON KARTOFFELN

REHRÜCKEN IN BALSAMESSIG, PFIFFERLINGE, ZWIEBELLAUCH UND GRATIN VON KARTOFFELN

Für den Rehrücken:

1 kg Rehrücken mit Knochen · Öl
Salz · Pfeffer · Butter

Den Rehrücken auslösen und parieren. Die Rehrückenstränge mit Salz und Pfeffer aus der Mühle würzen, in heißem Öl anbraten und bei 150 Grad ca. 8 Minuten im Ofen braten. Die letzten 3 Minuten 1 Stück Butter dazugeben und die Stränge begießen, da Rehrücken schnell trocken wird. Nach dem Braten ca. 2 - 3 Minuten ruhen lassen und dann erst zum Anrichten in Scheiben schneiden.

Für die Wildjus:

200 g Röstgemüse · 1 EL Tomatenmark
1/4 l guter Rotwein (Burgunder)
1 l kaltes Wasser · 20 Wacholderbeeren
1 Lorbeerblatt · Thymian
Salz · Pfeffer

Die vorher ausgelösten Knochen klein hacken oder sägen lassen, zusammen mit den Parüren in Öl im Bräter anrösten und ca. 1 Stunde im Backofen bräunen. Fett abgießen, Röstgemüse und Tomatenmark dazugeben und ca. 10 Minuten mitrösten lassen. Mit 1/4 l Rotwein ablöschen und einkochen. 1 l kaltes Wasser und Gewürze dazugeben und 1 Stunde langsam kochen lassen. Danach passieren, kühl stellen und nach dem Abkühlen entfetten.

Für die Sauce:

20 g Butter · 1 EL Zucker
4 cl Balsamessig · 1/4 l Rotwein

Die Butter schmelzen und den Zucker darin karamelisieren lassen. Mit Rotwein und Balsamessig ablöschen und mit der Rehrückenjus auffüllen. Alles zusammen einkochen bis zur gewünschten Konsistenz und nochmals abschmecken.

Für die Beilagen:

400 g Pfifferlinge
1 Schalotte · 50 g Butter
2 Bund Zwiebelschluppen

Die trockenen Pfifferlinge gründlich säubern und erst kurz vor dem Kochen waschen. Die kleingehackte Schalotte in der Butter glasig dünsten, die Pfifferlinge darin schwenken und würzen. Das Weiße der geputzten Zwiebelschluppen in der Pfanne anbraten. Von dem Grünen einige Ringe abschneiden, waschen und für die Dekoration beiseite stellen. Das Gemüse warm stellen.

Für das Kartoffelgratin:

500 g Kartoffeln · 1/4 l Sahne
2 EL Crème double · 1 kleines Bund Petersilie
Salz · Pfeffer
Muskatnuß · 1 Schalotte

Große Kartoffeln schälen und der Länge nach halbieren, auf einem feinen Hobel so hobeln, daß die Kartoffelform nachher erkennbar bleibt. Eine feuerfeste Form ausbuttern, die gehackten Schalotten daraufstreuen und die gehobelten Kartoffelscheiben dachziegelförmig einschichten. Die Kartoffeln mit der gewürzten Sahne begießen und im Ofen bei anfangs 225 Grad backen. Bei 180 Grad ca. 30 Minuten garen lassen.

Anrichten:

Auf heiße Teller einen Saucenspiegel gießen, die Beilagen auf die Teller verteilen und das in 1 cm dicke Scheiben geschnittene Fleisch darauf anrichten.

Die Weinempfehlung:
Rivesaltes Blanc
Roussillon
Pyrénées Orientales

WARME ORANGENTORTE AUF MOKKASCHAUM MIT RUMFRÜCHTEN

Für die Orangentörtchen:

1 Paket Blätterteig, tiefgefroren
6 große Orangen
2 EL Orangenkonfitüre · 4 TL Puderzucker

Den Blätterteig dünn ausrollen, 4 kleine Formen damit auslegen und blind backen. Dann mit der Orangenkonfitüre bestreichen und beiseite stellen.
Die Orangen filieren und abtropfen lassen, dann auf die Blätterteig-Tarteletts legen. Mit dem Puderzucker bestreuen und im heißen Backofen überbacken. Bis zum Servieren warm stellen.

Für die Garnitur:

400 g Rumtopffrüchte der Saison
einige Blätter Minze

Für den Mokkaschaum:

1/4 l Mokka · 4 cl Mokkalikör
4 Eigelbe · 2 EL Zucker
100 g geschlagene Sahne

Mokka, Mokkalikör, Eigelbe und Zucker auf dem Feuer oder im Wasserbad bis zur Rose aufschlagen. (Die Konsistenz der zu rührenden Masse muß so beschaffen sein, daß die rosenförmige Spur, die ein Schneebesen auf ihr hinterläßt, nicht sofort zerläuft. S. a. Glossar) Die geschlagene Sahne unterziehen. Auf 4 Teller verteilen, die Orangentörtchen daraufsetzen und mit den gut abgetropften Rumfrüchten und den gewaschenen und getrockneten Minzeblättern garnieren.

Siegfried Rockendorf sieht in Berlin eine weltoffene Stadt mit internationaler Spitzengastronomie, für die er mit «Rockendorfs Restaurant» Maßstäbe gesetzt hat. Sein Menü hat unverkennbar Berliner Flair.

Zusammen mit einer Scheibe Schwarzbrot war den Berlinern geräucherter Bundaal - seiner schlanken Form wegen nennt man ihn hierzulande «Strippe» - ein willkommener Happen zwischendurch. Rockendorfs Terrine ist eine elegante Reminiszenz an diese einst deftige Gaumenfreude.

Eine heiße, kräftige Kalbsschwanzessenz mit knackigen Streifen von Lauch, Möhre und Sellerie tut wohl an einem kalten Wintertag.

Die malerische Komposition aus dem leuchtenden Rot der Krebse, dem schneeweißen Fleisch des Zanders und dem sanften Grün vom Wirsing sind im Zusammenspiel mit der klassisch strengen Form vom Service «Feldblumenrelief auf Bord mit Goldrand» für das Auge jedes Gourmets eine besondere Freude. Die natürlichen Farben der Speisen kommen besonders gut zur Geltung.

Ebenso klassisch streng sind das Baccarat-Glas Form «Vence» und das Silber von Christofle «Chinon». Dekorativ präsentieren sich als passendes Beiwerk die Blumenvase und das Teegeschirr.

Mit dem Februar endet die Jagdsaison. Grund genug, noch einmal einen auf die Minute genau gebratenen Rehrücken zu genießen. Karamelisierter Zucker und Balsamessig runden den in der Sauce konzentrierten Wildgeschmack auf interessante Weise ab.

Nicht nur die Orangen entfalten im Februar ihr bestes Aroma, auch die Früchte im Rumtopf sind jetzt voll ausgereift. Überzeugend also der Vorschlag, das leichte Wintermenü mit einem Dessert aus diesen Zutaten zu beschließen.

DAS MÄRZ-MENÜ:

HECHT-KARPFEN-SÜLZE MIT
APFEL-VINAIGRETTE

TAUBENKRAFTBRÜHE MIT GRAUPEN

HÜHNERFRIKASSEE

GEFÜLLTER OCHSENSCHWANZ
AUF LEIPZIGER ALLERLEI MIT MORCHELN UND
KARTOFFELPUFFERN

GEFÜLLTER BIENENSTICH MIT FRÜCHTEN

Die Weinempfehlung:

Mercurey Blanc
1er Cru
Les Ormeaux
Côte Chalonnaise

HECHT-KARPFEN-SÜLZE MIT APFEL-VINAIGRETTE

Für den Fischfond:

1/8 l Weißwein · 1/8 l Noilly Prat
5 Pfefferkörner · 3 Wacholderbeeren
1/2 Lorbeerblatt · Gräten · Butter

Gräten in Butter anschwitzen, mit Weißwein und Noilly Prat ablöschen. 1/2 l Wasser angießen. Mit den Gewürzen 20 Minuten köcheln lassen, anschließend durch ein Sieb passieren.

Für die Apfel-Vinaigrette:

1/2 milder Apfel · 1/4 saure Gurke
1 TL geriebener Meerrettich · 1 EL Apfelessig
3 EL Walnußöl · Salz · Pfeffer

Aus Apfelessig und Walnußöl eine Marinade herstellen. Apfel und Gurke - beide feingewürfelt - sowie den Meerrettich darin ziehen lassen. Salzen und pfeffern.

Für die Sülze:

350 g schieres Hechtfilet
350 g schieres Karpfenfilet
1 Möhre · 50 g Porree
5/8 l Fischfond · 3 Blatt Gelatine
ca. 20 Spinatblätter

Das Hechtfilet und das Karpfenfilet in gleichmäßige Würfel schneiden, Möhre und Porree würfeln, alles im Fischfond gar ziehen lassen und herausnehmen. Die Spinatblätter blanchieren, in Eiswasser abschrecken und abtrocknen. Die eingeweichte Gelatine ausdrükken und im heißen Fischfond auflösen.
Gemüse, Spinatblätter und die Fischwürfel schichtweise in die Terrine einlegen. Den Fischfond abschmecken und in die Terrine füllen. 5 bis 6 Stunden kühl stellen.

Anrichten:
Vor dem Servieren die Sülze mit einem Messer von der Form lösen und stürzen. In Scheiben schneiden und mit der Vinaigrette und einem Salat der Saison anrichten.

1 Terrine reicht für ca. 8 Personen.

TAUBENKRAFTBRÜHE MIT GRAUPEN

Für Consommé und Klärfleisch:

2 Tauben · 1 Huhn

Tauben und Huhn auslösen und das Fleisch beiseite stellen.

Für die Consommé:

2 Taubenkarkassen · 1 Hühnerkarkasse
2 l Geflügelfond
1 Möhre · 1 Staudensellerie
1 Stange Porree · 1/2 Zwiebel
1/4 Lorbeerblatt · 1 kleiner Thymianzweig
2 Wacholderbeeren · 1/2 Zehe Knoblauch
Salz · Pfeffer

Die ausgelösten Geflügelknochen mit 2 Liter kaltem Geflügelfond (s. Glossar) aufsetzen und langsam erhitzen. Nach 15 Minuten Kochen das Gemüse und die Gewürze dazugeben und leise mitkochen lassen. Nach weiteren 15 Minuten abgießen und kalt stellen.

Für das Klärfleisch:

4 entbeinte Taubenkeulen
1 rohe Hühnerbrust · 2 Eiweiße

Die Taubenkeulen, die Hühnerbrust und das Eiweiß kühlen. Anschließend im Mixer pürieren.
Die erkaltete Consommé mit dem Klärfleisch vermengen und langsam erhitzen. Im offenen Topf leise köcheln lassen. Hat sich das Fleisch mit dem Eiweiß oben abgesetzt, die fertige Kraftbrühe durch ein Tuch seihen.

Für die Einlage:

50 g Perlgraupen · 1 Möhre
1 Stange Porree · 1 Sellerie · 4 Wachteleier

Das Gemüse in feine Würfel schneiden und mit den Graupen in der Consommé garen. Die Wachteleier als Spiegeleier zubereiten und auf dünne Weißbrotscheiben legen. Mit einem Ausstecher in eine schöne runde Form bringen.

Anrichten:
Die 4 Taubenbrüste ungegart in feinste Scheiben schneiden und in den heißen Tellern fächerförmig anrichten. Graupen und Gemüse dazugeben und mit kochend heißer Brühe übergießen.

Die Weinempfehlung:
Tavel
Château d'Aqueria
Côtes du Rhône

HÜHNERFRIKASSEE

Für das Frikassee:

1 Maispoularde
1 Bund Suppengrün
50 g Butter · 1/2 l süße Sahne
1 Tasse Weißwein · 1/2 Zitrone
1 TL Kapern · 2 Eigelbe
Salz · weißer Pfeffer

Das Huhn mit Suppengrün weich kochen, aus der Brühe herausnehmen. Haut und Knochen entfernen und das Fleisch in große Würfel schneiden. In etwas Brühe zugedeckt warm halten.

Die Brühe mit Sahne, Weißwein und Zitronensaft aufkochen und um die Hälfte reduzieren. Mit den Eigelben abziehen, d.h. die Eigelbe in einem Gefäß mit 4 Eßlöffeln Sahne verquirlen und diese Mischung in die nicht mehr kochende Sauce geben. Mit Salz und Pfeffer würzen und die gut gekühlte Butter in kleinen Teilen mit dem Schneebesen unterziehen. Die abgetropften Kapern dazugeben.

Für die Beilagen:

8 Stangen grüner Spargel
100 g bunte Spaghetti
1 Paket Blätterteig

Den Spargel in wenig Wasser bißfest kochen. Die Spaghetti nach Farben getrennt kochen, abgießen und in wenig Butter warm halten. Aus dem Blätterteig kleine Figuren schneiden und bei 200 Grad im Ofen ausbacken.

Anrichten:

Das Fleisch und den Spargel auf dem heißen Teller anrichten. Die Spaghetti auf einer zweizinkigen Gabel aufrollen und dazu legen. Das Fleisch mit Sauce überziehen und die Fleurons an den Tellerrand legen.

Die Weinempfehlung:
Lalande de Pomerol
Bordeaux

GEFÜLLTER OCHSENSCHWANZ AUF LEIPZIGER ALLERLEI MIT MORCHELN UND KARTOFFELPUFFERN

GEFÜLLTER OCHSENSCHWANZ AUF LEIPZIGER ALLERLEI MIT MORCHELN UND KARTOFFELPUFFERN

Für den Ochsenschwanz:

1,2 kg Ochsenschwanz · 250 g Schweinenetz
2 EL Tomatenmark · 1/4 Lorbeerblatt
400 g Röstgemüse
(Zwiebeln, Möhren, Sellerie)
1/2 Flasche Rotwein · 1 1/2 l Rinderbrühe
1 Zweig Thymian · 4 Pimentkörner
1 Knoblauchzehe · 10 EL Öl

Den Ochsenschwanz in Glieder trennen, würzen und im Öl rundherum kräftig anbraten. Das gewürfelte Röstgemüse und das Tomatenmark dazugeben und weiter rösten. Mit Rotwein ablöschen und mit Rinderbrühe auffüllen. Die Gewürze dazugeben und alles einmal aufkochen lassen. Bei kleiner Hitze so lange köcheln lassen, bis der Ochsenschwanz weich ist.
Herausnehmen und, solange er noch warm ist, die Knochen vorsichtig auslösen. Den Kochfond passieren und in zwei Hälften teilen. Einen Teil zum Pochieren der Ochsenschwanzstücke beiseite stellen.

Für die Sauce:

je 1 cl trockener Sherry
Madeira · Balsamessig

Die andere Hälfte des Fonds solange reduzieren, bis die gewünschte Konsistenz erreicht ist.
Mit Madeira, Sherry und Balsamessig abschmecken.

Für die Farce:

60 g Kalbfleisch, gewürfelt und sehnenfrei
60 g Stopfleber
8 cl flüssige Sahne
1 EL geschlagene Sahne
1 EL Petersilie
20 g pochiertes Rindermark
2 EL geröstete Brotwürfel

Für die Farce das Kalbfleisch gut kühlen und im Mixer mit etwas flüssiger Sahne, Salz und Pfeffer pürieren. Die Stopfleber würfeln und dazugeben. Mit etwas Sahne zu einer glatten Farce verarbeiten. Alles durch ein feines Sieb streichen und abschmecken. Markwürfel, Brotcroutons, Petersilie und die geschlagene Sahne nach und nach unterheben.
Die Ochsenschwanzstücke damit füllen und in ein Schweinenetz einschlagen. In einen Topf setzen und die Brühe angießen, bis die Fleischstücke zu 2/3 bedeckt sind. Zugedeckt in den 180 Grad heißen Backofen stellen und in 10 Minuten garziehen lassen.

Für das Leipziger Allerlei:

1 kleiner Blumenkohl
1 Bund junge Möhren
500 g Spargel
300 g grüne Bohnen · 50 g Erbsen
300 g frische oder 100 g getrocknete Morcheln
100 g Champignons
20 g Butter

Bohnen, Erbsen, Möhren, Spargel, Morcheln, Blumenkohl und Champignons putzen und wenn nötig in portionsgerechte Stücke teilen. Jede Zutat einzeln garen, gemeinsam in Butter anschwenken und abschmecken.

Für die Kartoffelpuffer:

1 kg Kartoffeln
2 Eier · 80 g Weißbrot · 1 Zwiebel
2 EL Öl

Die geschälten Kartoffeln reiben und durch ein Sieb abtropfen lassen. Aus diesen und dem vorher eingeweichten und gut ausgedrückten Weißbrot, den Eiern und den geriebenen Zwiebeln einen Teig herstellen. Öl in der Pfanne erhitzen und die Kartoffelmasse eßlöffelweise hineingeben. Von beiden Seiten braten.

Anrichten:
Die Ochsenschwanzstücke aus dem Netz nehmen, auf den vorgewärmten Tellern mit der Sauce, dem Gemüse und den Kartoffelpuffern anrichten.

Die Weinempfehlung:
Jurançon Moelleux
Domaine Couhapé
Jurançon

GEFÜLLTER BIENENSTICH MIT FRÜCHTEN

Für den Hefeteig:

500 g Mehl · 20 g Hefe · 100 g Zucker
65 g Butter · 1/4 l Milch
Belag:
250 g Butter · 250 g Zucker
125 g geriebene süße Mandeln

Die Hefe in lauwarmer Milch auflösen und auf das in eine Schüssel gesiebte Mehl geben. Leicht mit Mehl überdecken. Nach einiger Zeit bilden sich Risse im Mehl - ein Zeichen, daß die Hefe aktiv ist.

Butter und Zucker einarbeiten, den Teig 2 Stunden an einem warmen Ort gehen lassen. Der Teig sollte in dieser Zeit sein Volumen verdoppeln. Nach dem ersten Aufgehen den Teig durchkneten und auf ein Blech streichen. Inzwischen aus Butter, Zucker und den geriebenen Mandeln auf kleiner Hitze eine Masse schmelzen. Diese Masse auf dem Teig verteilen und zum zweiten Mal aufgehen lassen. Den Kuchen bei 200 Grad ca. 20 Minuten im Ofen backen. Nach dem Erkalten den Kuchen in Kreise schneiden und diese zweimal quer aufschneiden.

Für die Füllung:

1/2 l Milch · 1 Stange Vanille
125 g Zucker · 6 Eigelbe
2 Kiwis · 100 g Erdbeeren

Milch mit der aufgeschnittenen Vanillestange aufkochen. Eigelbe und Zucker mit einem Rührwerk zur doppelten Menge aufschlagen, die heiße Milch dazugeben und alles durch ein Sieb seihen. Im Wasserbad erhitzen und rühren, bis die Masse dick wird. Aus dem Wasserbad nehmen und bis zum Abkühlen weiter rühren. Das Obst in Scheiben schneiden. Den aufgeschnittenen Kuchen schichtweise mit Vanillecreme und Obst füllen.

Für das Fruchtmus:

Erdbeeren
Kiwis · Aprikosen
Zucker

Die Früchte einzeln im Mixer mit Zucker pürieren und durch ein feines Sieb geben.

Frühling ist die schönste Jahreszeit in Berlin. Das Graue und Eintönige zieht sich zurück, und die Stadt und ihre Bewohner stellen sich wieder farbenfroh und freundlich dar.

Detlef Kortenhoff ließ sich im Hotel Steigenberger von dieser Frühlingsstimmung zu seinem feinen Menü inspirieren, das einem Abend im März die festliche Note verleiht.

Das gilt besonders, wenn es liebevoll arrangiert in den Terrinen und auf den Tellern des graziösen Rokokoservices «Neuglatt 15» - mit Goldrand und Goldstrichelstaffage aufgetragen wird, einer besonderen Ausführung dieses Geschirrs, die sich durch raffinierte Eleganz von den anderen «Neuglatt»-Dekorationen unterscheidet.

Ein aufwendiges Goldornament aus tropfsteinähnlichen Zacken und kleinen Rocaillen verleiht dieser Form ihren einzigartigen Glanz und Charakter. Der ovale Fruchtkorb eignet sich auch für Gebäck und ebenso für dekorative Blumenarrangements.

Die Gläser «Massena» aus dem Hause Baccarat und das Sterling-Silber «Germain» vollenden diese hochelegante Tafel.

Für das klare Gelee mit Blattspinat geben so unterschiedliche Fische wie Hecht und Karpfen ihr Bestes her.

Bodenständiges und Feines müssen kein Widerspruch sein: Graupen, die früher in jeder preußischen Garnisonsküche vorkamen, heben hier den zarten Geschmack der Essenz von jungen Tauben.

Es gibt viele Möglichkeiten, Berliner Hühnerfrikassee zu kochen. Detlef Kortenhoff hat sich für die gediegen bürgerliche Zubereitungsart entschieden. Sie ist unkompliziert und gut.

Auch seine Zubereitung des Ochsenschwanzes ist klassisch. Im Rotwein geschmort, bietet er dem Gaumen den kräftigsten Reiz. Daß zu diesem herzhaften Gericht Kartoffelpuffer sehr gut passen, versteht sich von selbst.

Übrigens: Alle Speisen sind ausschließlich aus Zutaten komponiert, die aus der Region stammen. Der Bienenstich zum Nachtisch macht da naturgemäß keine Ausnahme.

DAS APRIL-MENÜ:

LACHS GEBEIZT MIT
SCHNITTLAUCH UND KOKOSRASPEL

KAROTTENSUPPE
MIT MINZE

KASSEROLLE MIT FLUSSKREBSEN
UND HECHTKLÖSSCHEN

LAMMRÜCKEN MIT ZWIEBELCONFIT
UND WURZELGEMÜSE

ZITRONENSOUFFLÉ MIT
ERDBEERMARK

Die Weinempfehlung:
Muscadet Sur Lie
Sèvre et Maine

LACHS GEBEIZT MIT SCHNITTLAUCH UND KOKOSRASPEL

Für den Lachs:

200 g Lachs netto (ca. 400 g brutto)
2 Zitronen · Salz · Pfeffer

Für die Garnitur:

2 Bund Schnittlauch
50 g Kokosraspel

Man lasse sich vom Fischhändler ein Lachsmittelstück mit Haut und Gräten von ca. 400 g schneiden. Den Lachs entgräten und mit einem Lachsmesser in dünne Scheiben schneiden. Die Zitronen auspressen und den Saft in einen tiefen Teller gießen. Die Lachsscheiben kurz in den Zitronensaft tauchen, abtropfen lassen und auf den Tellern anrichten. Hierbei ist darauf zu achten, daß die Säure der Zitrone nicht vorherrschend ist. Wenn man besonders vorsichtig sein will, kann man die Zitrone auch nur mit einem Pinsel auf den Lachs auftragen. Mit Salz und Pfeffer aus der Mühle würzen.

Das geraspelte Kokosfleisch und den fein gehackten Schnittlauch über den ausgebreiteten Lachs verteilen.

Mit Weißbrot servieren.

KAROTTENSUPPE MIT MINZE

Für die Suppe:

600 g Möhren
200 g Zwiebeln · 100 g Butter
100 g Tomatenmark
1/4 l Schlagsahne
1 Bund frische Minze
getrockneter Estragon
1 Prise Zucker · Salz · Pfeffer · 2 l Wasser

Die Butter zerlassen, bis sie nicht mehr schäumt. Die geschälten und in Scheiben geschnittenen Möhren mit den geschälten und geviertelten Zwiebeln darin schwenken, bis sie gleichmäßig glänzen. Salz, Pfeffer, Zucker und Estragon dazugeben und mit 2 l Wasser ablöschen. Das Tomatenmark hinzufügen und alles gut durchrühren, 45 Minuten köcheln. Dabei soll die Suppe etwas reduzieren. Danach im Mixer pürieren (Vorsicht beim Mixen von heißen Massen) und die Suppe durch ein feines Sieb streichen. Die geschlagene Sahne hinzufügen und nochmals abschmecken. Wenn die Suppe auf den Tellern angerichtet wird, legt man die sorgfältig gewaschenen und getrockneten Minzblätter oben auf. Wenn man will, kann man - bevor die Suppe aufgetan wird - in jeden Teller einige gehackte Minzblätter legen.

Die Weinempfehlumg:

Sancerre
Clos du
Chêne Marchand
Loire

KASSEROLLE MIT FLUSSKREBSEN UND HECHTKLÖSSCHEN

Für die Hechtklößchen:

250 g schieres Hechtfleisch
(ca. 500 g brutto)
1 ganzes Ei · 1 Eigelb
100 g Schlagsahne · 2 l Fischfond
Muskatnuß
Salz · Pfeffer

Das gekühlte Hechtfleisch in den Mixer geben und mit Salz, Pfeffer und Muskat würzen. Mit dem Ei, Eiweiß und der Schlagsahne pürieren, bis eine glatte Masse entsteht. Diese Masse durch ein feines Sieb streichen und mindestens 1/2 Stunde kühl stellen. Vor dem Anrichten mit einem Eßlöffel Klößchen abstechen und in siedendem - nicht kochendem - Fischfond 20 Minuten ziehen lassen. Auf Haushaltspapier abtropfen lassen.

Für die Krebse:

24 Flußkrebse · 2 l Salzwasser
Olivenöl · 60 g Butter
1 Möhre · 1 nußgroße Zwiebel
4 cl Cognac
1 Flasche trockener Weißwein
1 EL Tomatenmark
1 Prise Estragon · 1 Lorbeerblatt
Butter nach Geschmack

Jeweils 3 Krebse in sprudelndem Salzwasser 1/2 Minute kochen und sofort herausnehmen. In einem zweiten Topf soviel Olivenöl erhitzen, daß der Boden bedeckt ist. Die Krebse hineinlegen und 5 Minuten garen lassen. Herausnehmen und nach dem Abkühlen ausbrechen. Die schönsten Krebsnasen aufheben.
Das Olivenöl abgießen und die zerkleinerten Karkassen im gleichen Topf mit 60 g Butter, der fein gehackten Möhre und der Zwiebel schwitzen lassen. Mit Weinbrand ablöschen und mit Weißwein bedecken. Tomatenmark, Estragon, Thymian und Lorbeerblatt dazugeben und auf die Hälfte einkochen lassen. Durchsieben und zum Entfetten 6 Stunden kalt stellen. Vor dem Servieren erhitzen und kalte Butter teelöffelweise dazugeben, bis die Sauce samtig wird.

Anrichten:

Zum Servieren erwärmt man die Krebsschwänze vorsichtig in der Sauce und richtet sie mit den Hechtklößchen auf vorgewärmten Tellern an. Die Teller mit je einer Krebsnase dekorieren.

Die Weinempfehlung:
Côte-Rôtie
Côtes du Rhône

LAMMRÜCKEN MIT ZWIEBELCONFIT UND WURZELGEMÜSE

LAMMRÜCKEN MIT ZWIEBELCONFIT UND WURZELGEMÜSE

Für den Lammrücken:

600 g schieres Lammrückenfleisch
40 g Butter
Salz · Pfeffer

Man läßt sich vom Fleischer die Rückenstränge eines Lammsattels ausschälen, der ein Bruttogewicht von ca. 900 g bis 1 kg haben sollte, und reinigt das Lammrückenfleisch sorgfältig von Sehnen und Fett. Den Backofen auf 200 Grad vorheizen. Das Fleisch in 4 gleichmäßige Stücke schneiden. 40 g Butter in eine Pfanne geben und haselnußbraun werden lassen. Dann das Fleisch, das kurz vorher gesalzen und gepfeffert wurde, in die Pfanne geben und auf allen Seiten scharf anbraten. Die Pfanne je nach Dicke des Fleischstückes für 6 -12 Minuten in den Backofen stellen. Danach das Fleisch herausnehmen und zwischen 2 heißen Tellern 4 Minuten ruhen lassen. Zum Anrichten in Scheiben schneiden.

Für die Bratenjus:

1/8 l Rotwein
1/8 l Geflügelfond · 70 g Butter
Salz · Pfeffer

Das Fett aus der Bratpfanne abgießen, den Bodensatz mit Rotwein und Geflügelfond ablöschen und reduzieren lassen. Die kalte Butter in kleinen Flöckchen mit dem Schneebesen einarbeiten und mit Salz und Pfeffer würzen.

Für das Gemüse:

800 g Teltower Rübchen
1 Bund Möhren · Estragon
2 mal 20 g Butter
2 EL Zucker

Die geschälten Möhren und die Teltower Rübchen in getrennten Töpfen zubereiten. Die Butter schmelzen, das Gemüse dazugeben, salzen, pfeffern und mit je 1 EL Zucker bestreuen. Ab und zu schwenken und so lange schmoren, bis es glänzend geworden ist. Dann mit Wasser oder etwas Geflügelbrühe (Instant) auffüllen und eine Prise Estragon dazugeben. So lange bei kleiner Flamme garen, bis die gewünschte Konsistenz erreicht ist (15 Min. bißfest, 25 Min. schmelzend). Die Gemüse warm stellen.
Hierzu passen auch sehr gut junge grüne Bohnen, wenn sie der Jahreszeit nach zu haben sind.

Für das Zwiebelconfit:

500 g Zwiebeln
100 g Butter · 80 g Zucker
4 cl Rotwein- oder Himbeeressig
1/4 l Rotwein

Die geschälten Zwiebeln in Scheiben schneiden. In einem Schmortopf Butter schmelzen lassen, die Zwiebeln dazugeben, salzen und pfeffern. Die 80 g Zucker zugeben. Einige Male schwenken und zugedeckt 1/2 Stunde schmoren lassen. Dann Rotwein- oder Himbeeressig dazugeben und den Rotwein angießen. So lange auf kleiner Flamme offen köcheln lassen, bis die Flüssigkeit fast verdampft ist und die Zwiebeln wie Konfitüre aussehen. Immer wieder umrühren, damit es nicht anbrennt. Die Zwiebelconfit beiseite stellen und warm halten.

Anrichten:
Das Zwiebelconfit auf die Teller geben, die Fleischscheiben darauflegen und das Gemüse an der Seite dekorativ hinlegen.

Die Weinempfehlung:
Coteaux du Layon
Anjou

ZITRONENSOUFFLÉ MIT ERDBEERMARK

Für das Soufflé:

6 Eier · 150 g Zucker
50 g Mehl · 1/2 l Milch
1/2 Vanilleschote
2 unbehandelte Zitronen

Mehl und Zucker mischen. Die Eier trennen und das Eigelb auf die Mehl-Zucker-Mischung geben. So lange rühren, bis eine luftige, glatte Masse entsteht. Eine Vanilleschote der Länge nach aufschneiden und das Innere herauskratzen. Die Milch mit der Vanilleschote, dem Mark und der Schale einer Zitrone aufkochen. Schote und Schale herausnehmen und die heiße Milch vorsichtig mit der Eiermasse vermischen.
Wieder aufs Feuer stellen und so lange unter ständigem Rühren erhitzen, bis die Masse Bindung hat. Vom Feuer nehmen und den Zitronensaft untermischen. Das gekühlte Eiweiß mit einer Prise Salz nicht zu fest schlagen, 1/3 mit der Zitronenmasse innig vermischen und den restlichen Eischnee vorsichtig unterziehen.
4 Souffléformen mit Butter ausstreichen, mit Zucker bestreuen und die Masse einfüllen. Bei 220 Grad 8 bis 10 Minuten backen.

Für das Erdbeermark:

1 Paket Tiefkühl-Erdbeeren

Die Erdbeeren nach dem Auftauen pürieren und durch ein feines Sieb streichen. Nach Geschmack süßen. Am besten mit Läuterzucker, der das Mark zwar etwas verflüssigt, aber eine feinere Süße ergibt. Natürlich sind für dieses Rezept auch gefrorene Himbeeren zu verwenden. Noch besser ist es natürlich, wenn Sie frisches Obst zur Verfügung haben.

Es ist kein Geheimnis, daß durch den Einfluß der Hugenotten die Küche Berlins um das bereichert wurde, was elegant und raffiniert an ihr ist.

Daniel Bordier lebt als Franzose seit über zwanzig Jahren in Berlin und führt im Restaurant «La Puce» die berlinisch-französische Eßkultur fort. Sein April-Menü ist hierfür ein überzeugendes Beispiel.

Pariser Raffinesse und preußische Einfachheit bestimmen das Entrée: Scheiben vom Lachs werden nur kurz in Zitronensaft gebeizt. Der feine Geschmack und die zarte Konsistenz des Edelfisches bleiben so voll erhalten.

Derselbe Stil prägt auch die Suppe aus Karotten. Einfach der Grundgedanke, originell der Einfall, die Suppe mit Blättern frischer Minze zu aromatisieren.

Der märkische Dichter Fontane schätzte Oderkrebse und Hechte aus Berliner Gewässern. Mit der Kombination von beidem wird an die Vorliebe des Dichters erinnert. In der duftig rosa schimmernden Sauce auf Tellern vom Service «Neuosier» - mit Goldrand und Blumen in Eisenrot bilden die leichten, schön geschlossenen Klöße eine überzeugende Ergänzung zum bißfesten Fleisch der Krebse.

Lamm zur Osterzeit versteht sich auch im protestantischen Berlin von selbst. Das saftige Fleisch ist umgeben von einer Berliner und einer französischen Spezialität. Teltower Rübchen werden durch die würzige Süße eines Zwiebelconfits harmonisch bereichert.

Mit der Frische eines Zitronensoufflés schließt die durchdachte Menü-Komposition Bordiers, wobei die Erdbeeren im April kulinarische Vorboten des Berliner Sommers sind.

Das Osterei als Tafelschmuck zeigt, was die Speisen auf den Tellern verbergen: die kunstvolle Handmalerei in Rot und Gold der Form «Neuosier», die auf ihre Entdeckung beim Genuß der Gänge wartet.

Die schlichte Eleganz der Baccarat-Gläser «Capri» und das Silber «Alt Kopenhagen» von Robbe & Berking runden das Arrangement stilvoll und harmonisch ab.

DAS MAI-MENÜ:

SALAT VON KALBSLEBER
MIT GELBEN LINSEN

SAUERAMPFERCREME
MIT QUARKKLÖSSCHEN

SCHOLLENFILET IN RIESLING
MIT WALDMEISTER

KANINCHENRÜCKEN MIT JUNGEN GEMÜSEN

VANILLECREME
MIT HEISSEN HIMBEEREN

Die Weinempfehlung:
Gamay de Chautagne
Savoyen

SALAT VON KALBSLEBER MIT GELBEN LINSEN

Für die Kalbsleber:

400 g Kalbsleber · 10 g Butter

Kalbsleber von Sehnen und Haut befreien und in 4 Scheiben schneiden. 10 Minuten vor dem Anrichten in 10 g Butter von beiden Seiten, je nach Geschmack mehr oder weniger durch, braten.

Für den Salat:

1 Kopf Lollo rosso Salat
20 Stangen grüner Spargel
1 große Fleischtomate · 1 EL Olivenöl
1 Schalotte · 2 cl trockener Weißwein
30 g gelbe Linsen · 1/2 Lorbeerblatt
Essig · Öl · Kerbel
Schnittlauch · Salz · Pfeffer
Fleischbrühe vom Rind

Den Salat putzen. Den Spargel schälen, die harten Enden abschneiden und die Stangen in Salzwasser ca. 10 bis 12 Minuten knackig garen. Die Tomaten 1/2 Minute in kochendes Wasser tauchen, enthäuten, entkernen und in Streifen schneiden.

Die Schalotte fein hacken und in Olivenöl dünsten. Mit dem Weißwein ablöschen. Die über Nacht eingeweichten, durch ein Sieb abgegossenen Linsen und das Lorbeerblatt dazugeben. Mit Fleischbrühe bedecken und 10 Minuten köcheln lassen, dann salzen und pfeffern. In einem Sieb abtropfen und abkühlen lassen und beiseite stellen.

Für die Sauce Vinaigrette:

30 g Zwiebeln · 40 g Gewürzgurke
1/2 hartes Ei · 15 g Sherry-Essig
30 g Öl · Salz · Pfeffer · Schnittlauch
Petersilie · 1 Messerspitze Zucker
1/2 Messerspitze Dijoner Senf

Die Zwiebeln, die Gewürzgurke und das Ei fein hacken und in die aus den anderen Zutaten hergestellte Sauce geben.

Anrichten:
Den Salat mit der Vinaigrette würzen. Den Spargel und die Tomatenstreifen nebeneinander dekorieren und die gebratene Leber mit dem Salat und den Linsen anrichten.

SAUERAMPFERCREME MIT QUARKKLÖSSCHEN

Für die Sauerampfercreme:

2 Bund frischer Sauerampfer
250 g Kartoffeln · 50 g Porree
50 g Zwiebeln · 1/2 l Rinderbrühe
50 g Butter · 100 g Crème fraîche
Muskat · Salz

Den Sauerampfer waschen und entstielen. 2 oder 3 Blätter beiseite legen und kurz vor dem Anrichten für die Dekoration in feine Streifen schneiden. Zwiebeln, Porree und Kartoffeln in Butter andünsten, mit der Rinderbrühe ablöschen und 50 g Crème fraîche zufügen. Etwa 20 Minuten leise köcheln lassen und dann durch ein Sieb streichen. Den Sauerampfer mit weiteren 50g Crème fraîche im Mixer fein pürieren und direkt vor dem Anrichten in die Suppe geben. Einmal aufkochen und dann in die vorbereiteten Teller geben, in die man zuvor die gehackten Blätterstreifen verteilt hat.

Für die Quarkklößchen:

150 g Schichtkäse (trockener Quark)
2 Eigelbe · 15 g Mehl
Salz · abgeriebene Zitronenschale

Den Schichtkäse durch ein feines Sieb streichen und mit dem Rührwerk die angegebenen Zutaten unterrühren. Von der Masse mit einem Teelöffel kleine Klößchen abstechen und in kochendem Wasser ziehen lassen, bis sie oben schwimmen. Herausnehmen und auf Küchenkrepp abtropfen lassen. Dann die Klößchen sofort in die Suppe geben.

Die Weinempfehlung:

Riesling Grand Cru
Brand
Elsaß

SCHOLLENFILET IN RIESLING MIT WALDMEISTER

Für die Schollenfilets:

2 Schollen (je ca. 400 g)
30 g Butter

Die abgezogenen, filierten Schollen würzen und in der Butter kurz von beiden Seiten braten.

Für die Sauce:

20 g Butter · 2 kleine Schalotten
10 cl Riesling · 150 g Butter
Salz · Koriander
Waldmeister · Sherry-Essig

Die sehr fein gehackten Schalotten in Butter glasig dünsten, den Riesling, einen Zweig Waldmeister und Koriander dazugeben und 10 Minuten kochen lassen. Salzen und 3 Tropfen Sherry-Essig dazugeben. Auf 1/3 reduzieren, den Waldmeister entfernen und mit dem Schneebesen 150 g kalte Butter in kleinen Stückchen unterschlagen.

Für die Beilagen:

neue Kartoffeln · 70 g Räucherspeck

Die neuen Kartoffeln abreiben oder schälen und in Salzwasser gar kochen. Den Räucherspeck in Streifen schneiden und langsam in der Pfanne rösten lassen. Das Fett abgießen und die knusprigen Speckstückchen über die Kartoffeln geben und servieren.

Anrichten:
Die Scholle auf den Tellern anrichten, Sauce und Kartoffeln dazugeben und mit gezupften, grob gehackten Waldmeisterblättern bestreuen.

Die Weinempfehlung:
Gigondas
Cuvée du Président
Côtes du Rhône

KANINCHENRÜCKEN MIT JUNGEN GEMÜSEN

KANINCHENRÜCKEN MIT JUNGEN GEMÜSEN

Für den Kaninchenrücken:

2 Kaninchenrücken
Butter zum Braten · Salz · Pfeffer

Die Kaninchenrücken von der Haut befreien, längs des Rückenknochens das Fleisch vom Knochen lösen. Knochen und Haut werden für den braunen Kalbsfond verwendet. Das Fleisch würzen und in Butter von allen Seiten anbraten. Dann die Pfanne in den auf 180 Grad vorgeheizten Backofen stellen und ca. 15 Minuten braten. Das Fleisch 5 Minuten warm stellen und ruhen lassen, damit sich der Saft verteilen kann.

Für die Sauce:

1/2 l brauner Kalbsfond
1 EL grober Pommery - Senf
1 EL Crème fraîche · 10 cl Weißwein
Salz · Pfeffer

Den Bratfond der Kaninchenrücken mit Weißwein ablöschen und den Kalbsfond, Senf und Crème fraîche dazugeben. Gut rühren und auf zwei Drittel reduzieren lassen, bis die gewünschte Konsistenz erreicht ist. Wenn nötig, nachwürzen.

Für den braunen Kalbsfond:

2 kg Kalbsrückenknochen
Haut und Knochen vom Kaninchen
150 g Möhren · 150 g Porree
150 g Zwiebeln · 150 g Sellerie
5 Tomaten · 1/2 l Rotwein
1/2 EL zerdrückte Pfefferkörner
8 Stück Wacholderbeeren
1 Lorbeerblatt · 2 Zehen Knoblauch
2 Zweige Thymian
etwas Öl

Die kleingehackten Knochen sowie Haut und Knochen vom Kaninchen mit etwas Öl im Backofen bei scharfer Hitze anbraten. Wenn die Knochen anfangen zu bräunen, das gewürfelte Gemüse dazugeben und weiter bräunen lassen. Dann erst die Tomaten dazugeben und weiter bräunen, bis die Flüssigkeit verdampft ist. Mit Rotwein ablöschen und die Gewürze dazugeben. Bei verringerter Hitze ca. 2 l Wasser angießen und 2 bis 3 Stunden köcheln lassen, dabei immer wieder umrühren. Die Knochen durch ein Sieb abgießen. Den Fond auf 1/3 reduzieren und nach dem Abkühlen entfetten. Man kann ihn in einem verschlossenen Gefäß ca. 14 Tage im Kühlschrank aufheben oder in einer Schale für Würfeleis einfrieren. So hat man immer eine gute Saucenbasis in genau zu portionierender Menge zur Hand. Die gefrorenen Würfel lassen sich lose in einem Beutel aufbewahren.

Für die Beilagen:

Kohlrabi · Porree · Zucchini
Möhren · Frühlingszwiebeln
Butter · Zucker · Salz

Das Gemüse putzen und in gefällige Stücke schneiden. Getrennt voneinander im Salzwasser garen, bis das Gemüse knackig ist. Das Gemüsewasser abgießen. An jedes Gemüse ein Stückchen Butter und eine Prise Zucker und Salz geben und schwenken.

Anrichten:

Zum Servieren die Kaninchenrücken längs zum Knochen in dünne Tranchen schneiden und mit der Sauce und den Gemüsen auf den Tellern anrichten.

Die Weinempfehlung:
Champagne Rosé
Bouzy
Champagne

VANILLECREME MIT HEISSEN HIMBEEREN

Für die Vanillecreme:

1/2 l Milch · 1 Stange Vanille
6 Eigelbe · 125 g Zucker
7 Blatt Gelatine (eingeweicht)
1/2 l Sahne

Eigelbe und Zucker mit dem Rührwerk aufschlagen, bis die Masse das doppelte Volumen erreicht hat. Die Vanillestange aufschneiden, das Innere herauskratzen und beides in der Milch aufkochen. Die Stange entfernen und die Milch auf die Eiermischung geben. Auf dem Feuer zur Rose (s. Glossar) aufschlagen und die eingeweichte, sorgfältig ausgedrückte Gelatine dazugeben und auflösen.

Diese Mischung kühl stellen und kurz vor dem Festwerden die geschlagene Sahne unterziehen. Dann in Portionsförmchen abfüllen und kalt stellen. Zum Servieren die Förmchen kurz in heißes Wasser tauchen und stürzen.

Für die Himbeeren:

500 g Himbeeren
1/2 l Rotwein
250 g Zucker · 20 g Mondamin
1 Zweig Minze

Die Himbeeren verlesen, den Rotwein mit dem Zucker aufkochen und mit dem in etwas Wasser angerührten Mondamin dicken. Die Früchte in den heißen Rotwein geben und einmal aufkochen lassen. Die Himbeeren mit der kalten Creme anrichten und mit den gezupften Minzblättern dekorieren.

Jedem Genießer bringt der Mai die ersten kulinarischen Sommerfreuden.

Siegfried Stier sah darin den willkommenen Anlaß, im Restaurant «Trio» sein Mai-Menü zusammenzustellen und kunstvoll anzurichten.

Scheiben von gebratener Leber sind eine Altberliner Delikatesse. Zusammen mit gelben Linsen und Salaten der Saison wird hier ein altes Gericht modern variiert.

Wer wilden Sauerampfer schätzt - sein Aroma ist kräftiger als das des gezüchteten -, findet ihn sogar mitten in Berlin auf verwilderten S-Bahn-Gleisen. Eine Cremesuppe daraus besticht durch wohldosierte herb-säuerliche Würze.

Auch Waldmeister gibt es noch im Tegeler Forst. Nicht nur wer Glück hat und ihn dort entdeckt, sollte das originelle Schollenrezept ausprobieren. Das Ergebnis wird ihn davon überzeugen, daß Waldmeister nicht nur in die traditionelle Maibowle oder die grüne Berliner Weiße gehört.

Das Feinste vom Kaninchen ist sein zarter Rücken. Kurze Bratzeit bewahrt den sanften Wohlgeschmack und erhält das Fleisch saftig. Dazu bildet die charaktervolle Senfsauce einen delikaten Kontrast.

Frische Farbtöne bestimmen dieses Frühlingsessen und erfreuen das Auge auf der zurückhaltenden Noblesse des Services «Arkadia Grau». Die mythologischen Motive der unglasierten, mattweißen Medaillons kontrastieren dezent zu den glasierten, grau eingefärbten Fahnenrändern der Teller und vermitteln etwas von der Lebensfreude des klassizistischen Zeitalters.

Die klare, einfache Form der Gläser «Perfektion» von Baccarat und das Silber «Avenue» von Robbe & Berking fügen sich harmonisch in das außergewöhnlich frische Gesamtbild ein.

Mit dem satten Rot der Himbeere, dem zarten Gelb der Vanillecreme und dem hellen Grün der Minze setzt das Dessert einen vorsommerlichen Schlußakkord.

DAS JUNI-MENÜ:

RINDFLEISCHSÜLZE AN SALAT
VON LINSENKEIMLINGEN

ERBSENCREMESUPPE

ROTBARSCHFILET
MIT SAFRAN
IM MANGOLDBLATT

MILCHKALBSKOTELETT,
GEFÜLLT MIT PILZEN

RHABARBERSUPPE
MIT INGWER-EIS

Die Weinempfehlung:
«Y» de Château d'Yquem
Sauternes
Bordeaux

RINDFLEISCHSÜLZE AN SALAT VON LINSENKEIMLINGEN

Für die Sülze:

1 1/2 l Rinderbrühe
250 g Rinderbrust ohne Fett
200 g Kalbsfuß · 75 g Karotten
50 g Lauch · 35 g Sellerie
1 Lorbeerblatt · Pfefferkörner
Salz · Pfeffer

Rinderbrust und Kalbsfuß in der Brühe weich kochen. Nach dem Aufkochen abschäumen und langsam weiterkochen. 15 Minuten vor Ende der Kochzeit das Gemüse und die Gewürze dazugeben. Zum Schluß Fleisch und Gemüse herausnehmen, abdecken und kalt stellen. Die Brühe durch ein Sieb geben und ebenfalls kalt stellen. Es bleiben ca. 60 cl Brühe. Das Fleisch und das Gemüse, die später in der Sülze verwendet werden, in gleichmäßige Stücke schneiden.

Für die Klärmasse:

100 g Rinderhesse ohne Fett
45 g Zwiebeln · 40 g Karotten
20 g Lauch · 20 g Sellerie · 1 Tomate
125 g Eiweiß · 1 Lorbeerblatt
1 Nelke · 4 Blatt Gelatine

Die Brühe klären (s. Glossar). Die in kaltem Wasser eingeweichte Gelatine ausdrücken und in der noch heißen Brühe auflösen. Den Boden einer Form als Spiegel ausgießen, nach dem Erkalten das in Würfel geschnittene Gemüse und Fleisch einfüllen und mit lauwarmem Gelee bedecken. Die Form einen Tag kalt stellen, stürzen und in Scheiben schneiden.

Für den Salat von Linsenkeimlingen:

100 g Linsenkeimlinge · 1 Tomate
Sherry-Essig · Walnußöl
Salz · Pfeffer
Portulak (ersatzweise Brunnenkresse)
10 g Butter · 30 g sehr fein gehackter Speck

Butter, Speck und die enthäutete, entkernte und in Würfel geschnittene Tomate in der Pfanne anschwitzen und würzen. Die Keimlinge dazugeben und mit einem Schuß Wasser unter Schütteln schwenken, bis das Wasser verdunstet ist.
Aus dem Sherry-Essig, dem Walnußöl, Salz und Pfeffer eine Sauce Vinaigrette herstellen. Die angeschwitzten Linsenkeimlinge und den Salat damit abschmecken.

Anrichten:
Mit einem halben Wachtelei und einer Tomatenscheibe garnieren.
Die Sauce Vinaigrette getrennt anrichten.

ERBSENCREMESUPPE

Anrichten:
Die Suppe in Teller oder Tassen geben, die Croutons darauflegen und nach Geschmack mit den Schoten garnieren.
Ganz wichtig:
Falls ein Mixglas benutzt wird, nicht heiß einfüllen, sondern nur ausgekühlt. Durch die Bildung eines Vakuums kann das Mixglas zerspringen.

Für die Suppe:

250 g frische Erbsen oder Kaiserschoten
30 g Lauch · 40 g Zwiebeln
50 g Butter · 1/2 l Rinderbrühe
0,4 l Sahne · 1 Prise Zucker
1 Scheibe Toastbrot

Man schält die frischen Erbsen aus der Hülse. Wenn diese Hülsen sehr zart sind, kann man die äußere Haut abziehen, das Hülsenfleisch in Rhomben schneiden und als Einlage in der Suppe verwenden.

Man läßt 30 g Butter im Topf zergehen, gibt die geschälten, in Scheiben geschnittenen Zwiebeln und den in Scheiben geschnittenen Lauch dazu und läßt alles anschwitzen. Dann füllt man mit der Brühe auf und läßt die Suppe auf ca. 0,2 l einkochen. Jetzt erst fügt man die Sahne und die Erbsen hinzu und läßt alles 10 bis 15 Minuten weich kochen. Danach kann die etwas abgekühlte Masse im Mixer püriert werden. Man gibt sie durch ein feines Sieb und schmeckt erst dann mit Salz und Pfeffer ab.

Das Toastbrot in Würfel schneiden, in der restlichen Butter anbraten, bis es braun und kroß ist.

Die Weinempfehlung:
Jurançon sec
Coteaux du Layon
Jurançon

ROTBARSCHFILET MIT SAFRAN IM MANGOLDBLATT

Für den Rotbarsch und die Farce:

400 g Rotbarschfilet netto
40 cl Sahne · 15 - 20 Safranfäden
2 cl Weißwein

Vom Rotbarschfilet 2 Balken von ca. 100 g schneiden. Die restlichen 200 g durch den Wolf drehen und 1/2 Stunde ins Gefrierfach stellen. Die Safranfäden in 2 cl Weißwein aufkochen und auskühlen lassen. Den durchgedrehten, gekühlten Fisch in den Mixer geben und während des Mixens langsam 20 cl Sahne zufügen. Mit Salz und Pfeffer würzen und durch ein feines Sieb streichen. Den ausgekühlten Weißwein mit den Safranfäden untermischen.

Für den Mangold:

ca. 200 g Mangold · 30 g Butter

Vom Mangold die grünen Blätter abschneiden und in Salzwasser einmal aufkochen. Sofort in kaltem Wasser abschrecken. Die Blätter auf zwei gebutterte Alufolien legen und etwas von der Farce daraufgeben. Die Rotbarschfilets darüberlegen und mit dem Rest der Farce bestreichen. Danach die Alufolie zusammenrollen und wie ein Bonbon zubinden, in leicht kochendem Wasser 8 - 10 Minuten garen.

Für die Sauce:

1 Schalotte · 20 g Butter
3 cl Weißwein · 20 cl Fischfond

Die Schalotte in Scheiben schneiden, in 20 g Butter anschwitzen und mit dem Weißwein ablöschen. Den Fischfond (s. Glossar) auffüllen und zur Hälfte einkochen. Dann die Sahne hinzufügen und soweit reduzieren, bis die Sauce sämig wird. Anschließend abschmecken.

Für die Beilage:

Die Mangoldstiele im Abstand von 3 cm einschneiden, nach hinten brechen und die Fäden abziehen. Die Stücke in Stäbchen schneiden und in Salzwasser, das mit etwas Zitrone gewürzt wird, knackig abkochen. Mangoldstäbchen in Butter schwenken und würzen.

Anrichten:
Die in Scheiben geschnittenen Rouladen mit der Sauce und den Beilagen auf den warmen Tellern anrichten.

Die Weinempfehlung:
Morgon
Charmes
Beaujolais

MILCHKALBSKOTELETT, GEFÜLLT MIT PILZEN

MILCHKALBSKOTELETT, GEFÜLLT MIT PILZEN

Für die Koteletts:

4 Milchkalbskoteletts
200 g Pilze netto
(wahlweise oder gemischt: Pfifferlinge, Champignons und Austernpilze)
25 g Butter · 1 Schalotte
gehackte Petersilie
Salz · gemahlener Pfeffer · Mehl · Öl

In jedes Kotelett mit der Messerspitze eine tiefe, nicht zu breite Tasche schneiden. Die Pilze putzen, waschen, abtrocknen und kleinschneiden. Die gehackte Schalotte mit den Pilzen in die aufgeschäumte Butter geben und kurz schwenken, mit Salz und Pfeffer würzen, Petersilie dazugeben und auskühlen lassen.

Die Koteletts mit den Pilzen füllen, mit einem Zahnstocher zusammenhalten, würzen, leicht mehlieren und in Öl anbraten. Dann das Öl abschütten und mit Butter auf linder Hitze fertigbraten.

Für die Sauce:

1 gestrichener Teelöffel grüner Pfeffer
10 cl Weißwein · 15 cl heller Kalbsfond
1/4 l Sahne
1 Stiel frischer Estragon
Butter · Öl

Die grünen Pfefferkörner etwas quetschen, mit dem Weißwein zusammen einkochen und dann den hellen Kalbsfond dazugeben. Alles zusammen auf ein Drittel reduzieren, die Sahne hinzufügen und nochmals einkochen. Mit Salz abschmecken. Die Estragonblätter grob hacken und vor dem Servieren in die Sauce geben.

Für die Beilagen:

1 Bund junge Möhren
feine Bandnudeln · 10 g Butter
Estragon · 2 EL süße Sahne
Pfeffer aus der Mühle

Die Möhren putzen und in Salzwasser in 12-15 Minuten knackig kochen. Bei besonders jungen Möhren kann der Blattansatz darangelassen werden. An den feinen Ansätzen erkennt man die Zartheit des Gemüses. Vor dem Anrichten in etwas Butter, Salz und Zucker schwenken und mit etwas Estragon bestreuen.

Die Nudeln ebenfalls mit Salzwasser abkochen und nach dem Abgießen mit Pfeffer aus der Mühle würzen und in 2 Eßlöffeln süßer Sahne oder 10 g Butter schwenken.

Für den hellen Kalbsfond:

2 kg Kalbsrückenknochen
1/4 Kalbsfuß · 200 g Lauch
180 g Möhren · 150 g Sellerie · 150 g Zwiebeln
1 Lorbeerblatt · 10 Pfefferkörner
1 Thymiansträußchen
1 Zweig Rosmarin

Die Knochen mit reichlich kaltem Wasser ansetzen und nach dem Aufkochen abschäumen. Dann die kleingeschnittenen Gemüse und Gewürze zugeben und 2 - 3 Stunden köcheln lassen. Durch ein feines Sieb passieren und zum Abfetten kühl stellen. Bei der Herstellung von Fonds vermeidet man das Salzen und Pfeffern, weil durch späteres Reduzieren möglicherweise eine Überwürzung entstehen kann. Auch dieser Fond kann in größeren Mengen hergestellt und durch weiteres Eindicken oder Einfrieren haltbar gemacht werden (s. Glossar).

Anrichten:
Die Nudeln auf einer Officegabel (lange 2-zinkige Gabel) aufrollen und auf die vorgewärmten Teller abstreifen. Das Fleisch und die Gemüse dazulegen. Die Sauce kann in einer Sauciere gereicht werden.

Die Weinempfehlung:

Gewürztraminer
Grand Cru
Brand
Elsaß

RHABARBERSUPPE MIT INGWER-EIS

Anrichten:
Die lauwarme Suppe in Teller füllen, die festen Rhabarberstücke und zum Schluß das mit einem Suppenlöffel oval geformte Eis hineingeben. Ein schönes Blatt Basilikum zur Dekoration gibt neben dem optischen noch einen besonderen geschmacklichen Reiz.

Für das Ingwer-Eis :

1 Ingwerknolle
100 g Zucker · 250 g Milch · 5 Eigelbe
60 g Zucker · 200 g Sahne

Den frischen Ingwer schälen und in Stäbchen schneiden. Mit Zucker und Wasser zum Sirup einkochen.

Den Zucker und die Eigelbe aufschlagen, die gekochte, noch heiße Milch dazugeben und zur Rose abziehen (s. Glossar). Die Masse gut auskühlen lassen und erst dann nach Geschmack mit dem Ingwersirup aromatisieren. 200 g geschlagene Sahne unterziehen und die Masse in der Eismaschine gefrieren lassen.

Für die Rhabarbersuppe:

500 g Rhabarber · 1/2 l Weißwein
Zucker nach Geschmack

Den Rhabarber waschen, in Stücke schneiden und nach Geschmack süßen. Mit dem Weißwein kräftig aufkochen. Kurz auskühlen lassen und gute, feste Stücke beiseitelegen. Den Rest im Mixer oder mit dem Mixstab fein pürieren.

Karl Wannemacher pflegt im Restaurant «Alt Luxemburg» seine Vorliebe für die natürliche und erfrischende Menü-Zusammenstellung. Der gebürtige Saarländer hat sich für ein leichtes Frühsommergericht entschieden, das - unverkennbar berlinisch - zugleich französische Einflüsse nicht leugnet.

Rindfleischsülze ist geradezu klassisch für das Berlin der Vergangenheit und seine ländliche Umgebung. Hier bildet sie, umlegt mit knackigen Keimlingen, den kühlen Auftakt in der warmen Jahreszeit.

Die herzhafte, aber leichte Erbsencremesuppe spiegelt die in der feinen Berliner Küche beheimatete Neigung, Deftiges fein abzuwandeln.

Mangold - ob mit roten oder weißen Stielen - wird wieder auf Berliner Märkten angeboten. Daher der Einfall, Rotbarsch aus Nord- oder Ostsee ins Mangoldblatt zu schlagen und die originelle Roulade samt einer Farce mit Safran aufzutragen.

Licht und Freundlichkeit bestimmen die Jahreszeit. Helle Töne herrschen auch bei diesem erfrischenden Menü vor - in der Gesellschaft von Sommerblüten auf dem graziösen Rokokoservice. Das Modell «Neuglatt - mit feinen alten Blumen in drei Farben, Purpurbogen, Goldstrichelstaffage und Goldrand» wurde um 1769 als zweites Service für die königliche Hoftafel Friedrichs des Großen in Sanssouci geliefert.

Die feine Gravur auf den Gläsern «Lafayette» von Baccarat und das Silber «Cluny» von Christofle unterstreichen den heiteren Charme dieses feinen Geschirrs. Die Rokokoschale kann außer Blumen auch Gebäck oder Früchte aufnehmen.

Die leichten Koteletts mit den Pilzen der Saison fügen sich vortrefflich in diesen Rahmen.

Die Rhabarbersuppe erinnert an die traditionelle Laubenkultur der Berliner, und sie ergänzt mit ihrer sanften Säure hervorragend das aparte Ingwer-Eis.

DAS JULI-MENÜ:

MARINIERTER HAVELZANDER
AN SALAT

APFEL-STAUDENSELLERIESUPPE
MIT MINZKLÖSSCHEN

CASSOLETTE VON
HUMMER UND MORCHELN

POCHIERTE RINDERBRUST
IN LIMONENRAHM

PARFAIT VON
SOMMERTRÜFFELN MIT PFIRSICH
UND FRÜCHTESPIEGEL

Die Weinempfehlung:

Champagne
Blanc de Blancs Brut
Cramant
Champagne

MARINIERTER HAVELZANDER AN SALAT

Für den Zander:

300 g Zanderfilet

Lassen Sie sich den Zander beim Fischhändler enthäuten. Die Gräten können Sie selbst ziehen, da sie leicht zu ertasten sind. Mit einem schmalen, sehr scharfen Messer flache, dünne Tranchen schneiden und kühl stellen. Vor dem Anrichten mit einem Pinsel ein Drittel der für den Salat hergestellten Marinade auf den Tranchen verteilen.

Für den Salat:

1 Kopf Lollo rosso
1 Kopf Eichblattsalat
2 Zitronen · 50 g Traubenkernöl
5 Zweige Dill · Salz · Pfeffer

Den Salat putzen und waschen. Der Lollo rosso verlangt besondere Aufmerksamkeit, da aus seinen gekräuselten Blättern der Sand schwer zu entfernen ist. In einer Salatschleuder die Blätter vorsichtig trocknen.

Aus dem Saft der Zitronen, Öl und Gewürzen eine Marinade herstellen.

Den Salat in zwei Dritteln der Marinade wenden und in einem Sieb die überflüssige Menge abtropfen lassen.

Anrichten:

Zum Anrichten den Salat auf einem Teller hübsch auslegen, den Fisch - entweder aufgerollt oder flachliegend - dazulegen und mit Dill garnieren.

APFEL-STAUDENSELLERIESUPPE MIT MINZKLÖSSCHEN

Für die Suppe:

1 l heller Kalbsfond · 1/2 l Sahne
4 Äpfel · 1 Staudensellerie
20 g Butter · Salz · Pfeffer

Sellerie und Äpfel in Stücke schneiden und in Butter anschwitzen, mit dem hellen Kalbsfond (s. Glossar) ablöschen. Die Sahne aufgießen und alles auf 1 Liter reduzieren lassen. Etwas abgekühlt im Mixer pürieren, durch ein feines Sieb geben und würzen. Die Suppe kann am Tage vorher bereitet werden, da man sie kalt oder warm essen kann.

Für die Minzklößchen:

15 g Butter · 2 Eigelbe
25 g frisches Weißbrot
25 g gehackte Minze
Salz · Pfeffer

Die Eigelbe mit der geschmolzenen, abgekühlten Butter schaumig schlagen. Das entrindete Weißbrot im Mixer zerkleinern und mit der gehackten Minze, Salz und Pfeffer in die Eiermasse einarbeiten. Masse im Kühlschrank ca. 8 Stunden ruhen und durchkühlen lassen. Mit einem Teelöffel kleine Klößchen abstechen, die man bei ca. 90 Grad im Wasser so lange ziehen läßt, bis sie oben schwimmen. Herausnehmen und abtropfen lassen oder auf Küchenkrepp legen. Bis zur Verwendung können sie auch gut abgedeckt einen Tag im Kühlschrank aufgehoben werden. Wenn man die Suppe warm essen will, müssen sie dann sehr vorsichtig erwärmt werden oder beim Anrichten einfach in die heiße Suppe gegeben werden.

Die Weinempfehlung:
Hermitage Blanc
Côtes du Rhône

CASSOLETTE VON HUMMER UND MORCHELN

1 Hummer (600 - 700 g)
Brühsud:
100 g Karotten · 100 g Sellerie
eine mit Nelke und Lorbeer gespickte Zwiebel
1/2 Fenchelknolle · Salz · Pfefferkörner
Piment · Wacholderbeeren · Kümmel
Weißwein · Paprika

Will man den Hummer nicht selbst in kochendem Salzwasser töten und garen, nimmt man aus einem bereits abgekocht gekauften Hummer das Fleisch sorgfältig heraus, legt das Coraille (die unter der Schale befindlichen Eiweißteile und das Mark) beiseite und wäscht den Kopf aus. Will man ihn selbst zubereiten, stellt man einen Brühsud her: Zutaten aufkochen und ca. 1/4 Stunde kochen lassen. Den lebenden Hummer in den kochenden Sud werfen. Aufkochen und dann 15-20 Minuten ziehen lassen.

Für die Sauce:

2 EL Olivenöl · 2 EL Butter
100 g Möhren · 80 g Sellerie · 100 g Zwiebeln
2 cl Pernod · 1/2 l Fischfond · 1/4 l Sahne
50 g Butter · Zitrone · Cayennepfeffer · Salz

Die Hummerschalen zerkleinern und mit dem Gemüse in Öl und Butter anrösten. Mit Pernod ablöschen und mit Fischfond (s. Glossar) auffüllen. 1 Stunde kochen, die Sahne dazugeben und nochmals aufkochen, bis der Fond auf 1 Liter reduziert ist. Die Sauce durch ein Sieb gießen. Im Mixer die Butter und das Coraille mischen und unter die Sauce ziehen. Mit Salz, Cayenne und Zitrone abschmecken.

Für die Beilagen:

20 g getrocknete Morcheln oder
100 g frische Morcheln
100 g wilder Reis

Getrocknete Morcheln überbrühen, über Nacht quellen lassen, waschen und in Butter gar dünsten. Mit Salz und Pfeffer abschmecken. Frische Morcheln vor dem Dünsten sehr gründlich unter fließendem Wasser reinigen.
Den wilden Reis über Nacht quellen und 1/2 Stunde auf kleiner Hitze köcheln lassen. Nur wenig salzen. Der Reis sollte immer gut mit Wasser bedeckt sein.

Anrichten:
Zum Anrichten das Hummerfleisch in Portionsstücke schneiden und in der Sauce durchziehen lassen. Mit dem Reis und den Morcheln auf warmen Tellern anrichten.

Die Weinempfehlung:
Arbois blanc
Cépage Savagnin
Jura

POCHIERTE RINDERBRUST IN LIMONENRAHM

POCHIERTE RINDERBRUST IN LIMONENRAHM

Für die Rinderbrust:

1 kg Rinderbrust · 1 Bund Suppengemüse
1 Lorbeerblatt · 3 Nelken
1 große Zwiebel · Salz

Die frische, nicht gepökelte Rinderbrust von den Knochen und dem Fett befreien (es bleiben ca. 600 g übrig). In sprudelnd kochendem Wasser 2 Minuten blanchieren. Dann mit kaltem Wasser, den Gewürzen und dem Suppengemüse aufsetzen und 3 Stunden kochen lassen. Man läßt die Rinderbrust im Fond erkalten, damit sie nicht austrocknet. Nicht zu viel Salz nehmen, da der Fond später noch reduziert wird.

Diese Zubereitung kann am Vortag erfolgen. Von den kleingehackten Knochen und Sehnen der Brust kann man eine Brühe kochen, die dann später einmal Verwendung finden kann (über die Aufbewahrung solcher Vorräte siehe Glossar).

Für die Sauce:

1/2 l süße Sahne · 3 ungespritzte Limonen
Fond der Rinderbrust
Salz · Pfeffer

Den Fond durch ein Sieb passieren und mit der doppelten Menge Sahne einkochen lassen. Von den Limonen mit einem Zestenreißer feine Streifen von der Schale nehmen und den Saft auspressen. Wenn die Sauce die gewünschte Sämigkeit erreicht hat, mit der Schale und dem Saft der Limone abschmecken. Wem die Säure der Limonen zu intensiv ist, kann diese Sauce auch mit Weißwein abschmecken. Auf alle Fälle sollten aber die Zesten in die Sauce gegeben werden, weil sie den typischen Geschmack geben. Dann erst salzen und pfeffern, da das Salz die Säure verstärkt.

Für die Beilagen:

Kartoffeln
grüne und gelbe Zucchini
Kohlrabi · Rote Bete · Möhren

Die Gemüse werden geputzt und in runde oder längliche, auf jeden Fall in schön gleichmäßige Stücke geschnitten. Das Gemüse wird getrennt in Salzwasser gegart, wobei die unterschiedlichen Garzeiten zu beachten sind. Vor dem Anrichten kann man die Gemüse in etwas gesalzener, zerlassener Butter schwenken, damit sie schön glänzen.

Dieses Gericht ist besonders schön für einen heißen Sommertag, denn man kann es dann ganz kalt zubereiten. Anstelle der Sauce kann eine Mayonnaise gemacht werden, die man durch Limonen verfeinert und mit einem dazu passenden frischen Gewürzkraut auch optisch anregend gestaltet. Diese Sauce paßt sowohl zum Fleisch als auch zu den Gemüsen. Wer ganz ernährungsbewußt ist, kann die Mayonnaise mit Joghurt strecken.

Anrichten:

Zum Anrichten wärmt man das in Scheiben geschnittene Fleisch in ein wenig Brühe auf, tropft es sorgfältig auf Küchenpapier ab und legt es zusammen mit den Gemüsen auf die vorgewärmten Teller. Zuletzt die Sauce darübergießen, damit sie keine Haut zieht.

Die Weinempfehlung:
Muscat de Beaumes
de Venise
Côtes du Rhône

PARFAIT VON SOMMERTRÜFFELN MIT PFIRSICH UND FRÜCHTESPIEGEL

Für das Parfait:

3 Eier · 100 g Zucker
1 Trüffel (ca. 50 g)
1/2 l geschlagene Sahne
10 cl weißer oder roter Portwein

Den Trüffel waschen und schälen. In einem kleinen Weckglas mit dem Portwein ca. 20 Minuten im Wasserbad garen. (Man kann ihn so auch längere Zeit aufbewahren.) Den Trüffel dann in feine Würfel schneiden.

Eier und Zucker mit dem Trüffelsud im Wasserbad aufschlagen, bis die Masse Bindung hat. Vom Feuer nehmen und solange schlagen, bis die Masse wieder abgekühlt ist. Die geschlagene Sahne und die Trüffelwürfel unterziehen und die Masse ins Gefrierfach stellen. Nach 6 Stunden herausnehmen, stürzen und in Scheiben geschnitten servieren.

Für den Früchtespiegel:

200 g Heidelbeeren
200 g Himbeeren · 150 g Zucker
2 weiße Pfirsiche
Crème fraîche

Die Heidelbeeren mit der Hälfte des Zuckers aufkochen, im Mixer pürieren und durch ein Sieb streichen. Mit den Himbeeren verfährt man ebenso. Auf den Tellern einen Fruchtspiegel herstellen und bis zum Anrichten kalt stellen.

Mit Crème fraîche und einer aus Backpapier hergestellten Tüte, die unten ein kleines Loch hat, kann man auf diese Fruchtmasse den Namen seiner Gäste schreiben.

Die Pfirsiche schälen, vom Stein lösen und zum Fächer geschnitten anrichten. Die Scheiben vom Parfait daneben anordnen.

Die Berliner Küche war immer empfänglich für neue Impulse. Das zeigt sich heute in der Offenheit für Ideen der Nouvelle Cuisine.

Peter Könemann hat sie neugierig aufgenommen und im Restaurant «Hemingway's» kreativ weiterverarbeitet.

Roher Havelzander ist eine ausgesprochene Delikatesse und hat obendrein den Vorzug, leicht und bekömmlich zu sein.

Das luftig-kühle Aroma der Minzklößchen verleiht der Suppe sommerlichen Charme. Kalt genossen ist sie eine Erfrischung an heißen Julitagen.

Glanzpunkt des Sommermenüs ist das mit Morcheln gereichte Hummer-Cassolette. Die nuancierten Rottöne betonen die ästhetische Wirkung des Services «Ceres - Gold». Die Reliefmotive zeigen das Füllhorn der Göttin des Altertums in verschwenderischem Golddekor. Das Sommermenü in seiner anregenden Frische präsentiert sich auf diesem opulenten Geschirr besonders luxuriös.

Noch verstärkt wird dieser Eindruck durch das wunderschöne Baccarat-Glas «Vienne» mit Goldrand und das exclusive Silber «Aria Goldring» von Christofle.

Ob Hammel, Huhn oder Rind - in Berlin liebt man Gesottenes. Traditionell ißt man die gekochte Rinderbrust mit Meerrettich, aber bei Peter Könemanns Variation ist der spritzige Geschmack der Limone ausschlaggebend, der sich in der sämigen Rahmsauce entfaltet.

Das herrliche Aroma des Trüffels gibt dem abschließenden Parfait die raffinierte Eigenart.

Hemingway's

DAS AUGUST-MENÜ:

DAHLEMER
ZWERGHUHN-SOLEIER

SPREEWÄLDER
HOCHZEITSSUPPE

HAVELZANDER MIT
RÄUCHERLACHS AUF KRESSESAUCE

PERLHUHNBRUST MIT ROTWEINNUDELN

BERLINER GLÜCKSKLEE

Die Weinempfehlung:

Champagne
Œil de Perdrix
Bouzy
Champagne

DAHLEMER ZWERGHUHN-SOLEIER

Für die Eier:

4 Zwerghuhneier
Champagnersenf · 1 Lorbeerblatt
1 Zwiebel · 5 Gewürzkörner
1 kleine Pimentschote

Die Gewürze in Salzwasser aufkochen und kalt stellen. Die hartgekochten, geschälten Eier 1-2 Tage in der Gewürzlake marinieren, herausnehmen, abtrocknen und halbieren. Die Dotterhälften herausholen und in die Höhlung einen kleinen Klecks Senf geben. Die Dotter mit der Rundung nach oben wieder aufsetzen.

Für den Salat:

60 g Mayonnaise
20 g Crème double · 20 g Beluga Kaviar
20 g Keta Kaviar
1 Bund Schnittlauch · 1 Tomate
2 ganze Kopfsalatherzen
Champagnersenf · Walnußöl
4 halbe Walnußschalen zur Dekoration

Die Mayonnaise mit der Crème double vermischen, einen kleinen Sockel in gefälliger Form auf den Teller streichen und die Oberfläche mit Schnittlauch bestreuen. Die beiden Kaviarsorten darauf garnieren. Die Tomate abbrühen, enthäuten und die Kerne entfernen. Das Fleisch fein würfeln. Die Salatherzen halbieren und auf jeden Teller ein halbes Salatherz legen. Aus dem Walnußöl und dem Champagnersenf eine Sauce rühren, die man in die Nußschalen füllt und an den Salat legt. Die Eier und die gehackte Tomate auf die Teller verteilen.

SPREEWÄLDER HOCHZEITSSUPPE

Für die Krebse:

8 Stück Solokrebse
(ca. 100 g pro Stück)
Kümmel · Salz

Die Krebse mit etwas Kümmel und Salz in 1 Liter Wasser kochen. Nach dem Erkalten die Krebse ausbrechen und das Krebsfleisch mit etwas Kochwasser zur Seite stellen.

Für die Suppe:

1/8 l Krebskochwasser
60 g Sahne · 15 g Grieß
1 Ei · 250 g Kalbshaxenfleisch
150 g Suppengrün · Petersilie · Kerbel

Das passierte Krebskochwasser mit 60 g Sahne und 15 g Grieß ca. 2 Minuten kochen und abkühlen lassen. Ein großes Ei, gehackte Petersilie und eine Spur Muskat unterrühren. Dann in die Suppenteller oder -tassen verteilen und im Backofen im Wasserbad ca. 30 Minuten stocken lassen. Das Kalbfleisch von allen Seiten anbraten und durch die grobe Scheibe des Wolfs drehen. Mit dem gewürfelten Suppengrün, den zerkleinerten Krebskörpern und dem restlichen Krebskochwasser vermischen.

Das Ganze in ein großes verschließbares Weckglas geben und in einem hohen Wasserbad ca. 4 Stunden knapp unter 100 Grad ausziehen lassen. Danach durch ein feines Tuch gießen und bei Bedarf nachsalzen.

Anrichten:
Das Krebsfleisch auf den pochierten Grieß-Ei-Sockel verteilen, mit der Brühe aufgießen und mit Kerbel garnieren.

Die Weinempfehlung:
Château la
Tour Martillac
Graves sec
Bordeaux

HAVELZANDER MIT RÄUCHERLACHS AUF KRESSESAUCE

Für die Zandermasse:

250 g Zanderfleisch
1 Eiweiß · 50 g Crème double
30 g frisches, festes Ochsenmark
800 g Räucherlachs
etwas Meersalz

Das gekühlte Fischfleisch mit Meersalz zart salzen und durch die feine Scheibe des Fleischwolfs drehen. Im Mixer mit dem Eiweiß und der Crème double zu einer feinen, glatten Masse pürieren. Schnell arbeiten, damit die vorgekühlten Materialien nicht warm werden.

Das Ochsenmark durch ein grobes Sieb drücken und mit der Masse in einer Schüssel verrühren.

Die Masse in 4 Portionen teilen und in eine gefällige Form auf ein Butterbrotpapier streichen. Im Wasserbad zugedeckt 10 Minuten garen und herausnehmen.

Für die Sauce:

1 Bund Brunnenkresse · 30 g Crème double
80 g Butter · 8 cl Fischfond
Zitronensaft · Salz

Die Brunnenkresse waschen und zupfen und mit wenig Fischfond im Mixer pürieren. Den Fischfond (s. Glossar) mit der Crème double zusammen erhitzen und nach und nach die Butter unterziehen. Zuletzt die pürierte Kresse dazugeben und mit Zitrone und Salz abschmecken.

Anrichten:
Die Zandermasse auf den Teller geben, weißen Pfeffer darüber mahlen und mit dem Räucherlachs belegen, dann die Sauce angießen. Aus Blätterteig einige Gebäckstücke in Fischform backen und an den Tellerrand legen.

Die Weinempfehlung:
Château Maucaillou
Moulis
Bordeaux

PERLHUHNBRUST MIT ROTWEINNUDELN

PERLHUHNBRUST MIT ROTWEINNUDELN

Für die Perlhuhnbrust:

2 kleine Perlhühner
30 g Möhren · 30 g Sellerie
30 g Zwiebeln · 25 g fetter Speck
Salz · Pfeffer

Die Keulen der Perlhühner abtrennen und für eine andere Verwendung vorsehen. Das Rückgrat und die Rippenteile mit der Schere abschneiden, die zusammenhängenden Brustteile von der Innenseite in der Mitte des Kreuzbeines einschneiden, damit sich die Brust leicht flachdrücken läßt.
Die abgeschnittenen Teile in haselnußgroße Teile hacken und mit dem entsprechend geschnittenen Gemüse und dem Speck in wenig Butter kräftig anbraten. Die gesalzenen und gepfefferten Brüste darauflegen und im Ofen bei 250 Grad 6 - 7 Minuten braten und dann warm stellen.

Für die Sauce:

50 g Crème double
50 g Sahnejoghurt · 2 Zweige Thymian
Geflügelfond

Den beim Braten entstandenen Rückstand mit Geflügelfond (s. Glossar) ablöschen, kurz aufkochen und durch ein Sieb passieren. Auf 100 g weiter reduzieren. Mit Crème double und Sahnejoghurt binden. Mit Salz, Pfeffer und Thymian abschmecken.

Für die Rotweinnudeln:

115 g Mehl
5 cl guter Rotwein · 15 g Butter
1 Ei · 80 g Blaubeeren
5 g Rote-Bete-Instantpulver · Öl

Die Blaubeeren durch ein feines Sieb drücken, bis man 3 EL Saft hat. Den Rückstand mit 0,9 l Wasser aufkochen und passieren.
Aus dem Mehl, dem Blaubeersaft, dem Ei, Rote-Bete-Instantpulver, etwas Öl und Salz einen Nudelteig kneten. Danach ausrollen und in Streifen schneiden. Die Nudeln in dem Blaubeer-Salzwasser ca. 4 Minuten kochen und kalt abspülen.
Die Butter mit dem Rotwein bis zur Hälfte einkochen und die Nudeln darin schwenken; mit Salz, Pfeffer und einer Prise Zucker würzen.

Für die Beilagen:

15 g getrocknete Morcheln · 25 g Butter
200 g Zuckerschoten (Mangetout)

Die Morcheln werden mit kochendem Wasser übergossen und über Nacht eingeweicht.
Am nächsten Tag die Morcheln herausnehmen und das Einweichwasser wegen des möglichen Sandes durch ein Filterpapier geben. Dann die Morcheln in dem Wasser 10 Minuten kochen, mit Butter und wenig Salz würzen. Sollten Sie frische Morcheln bekommen, müssen diese ganz besonders sorgfältig gewaschen werden. Sie werden dann mit kochendem Wasser überbrüht, sofort abgegossen und mit Butter und Salz ca. 5 Minuten gegart. Man kann sie auch mit gehackten Schalotten zubereiten.
Die Zuckerschoten waschen und beim Putzen von den Spitzen her eventuell vorhandene Fäden abziehen. Dann in Salzwasser kurz aufkochen lassen und mit Butter, Salz und einer Prise Zucker abschmecken.

Anrichten:

Auf den warmen Tellern einen Saucenspiegel plazieren. Die Brüste längs zum Brustbein in Scheiben schneiden, auf die Sauce legen und daneben die Morcheln anrichten. Die Rotweinnudeln werden mit den schönen grünen Zuckerschoten zusammengelegt.

Die Weinempfehlung:
Banyuls Grand Cru
Rousillon

BERLINER GLÜCKSKLEE

Für den Glücksklee:

60 g Pistazienmarzipan
30 g Spinat

Aus dem mit etwas Spinatsaft (s. Seite 131) zur Färbung vermischten Marzipan 16 dünne, ca. 20 cm lange Röllchen rollen. Die Konturen eines vierblättrigen Kleeblattes auf den Tellern auslegen, etwas andrücken.

Wenn man die Teller mit Folie abdeckt, kann diese Arbeit schon vortags erledigt werden. Die Blattgröße sollte sich an der Tellergröße orientieren.

Für die Dekoration:

3 Stück Kiwis · 1 EL Puderzucker
4 verschiedene Fruchtsorten
4 kleine Eiskugeln

Die Kiwis mit etwas Puderzucker im Mixer pürieren, durch ein Sieb streichen und damit die Innenflächen der Kleeblätter ausgießen.

Die verschiedenen Fruchtsorten reinigen, wenn nötig schälen und in Form schneiden. Wenn man sich diese Arbeit sparen will, so ist es einfacher, Beerenobst zu nehmen, welches zu dieser Jahreszeit auch in vielen Varianten vorhanden ist. In jedes Kleeblatt eine Fruchtsorte geben, in die Blattmitte eine Eiskugel setzen, wobei ein Vanille-Eis sicherlich eine schöne Ergänzung zu den verschiedenen Früchten ist. Diese ganze Zubereitung verlangt einige Sorgfalt, weil die einmal gelegten Früchte nicht wieder entfernt werden können.

In einer echten Berliner Eckkneipe dürfen die Soleier auf dem Büffet nicht fehlen. Das war zu Zilles Zeiten so, und so ist es heute immer noch.

Dieter Leckelt vom ehemaligen Restaurant Ritz hebt diesen Berliner Alltagshappen mit Kaviar und Champagnersenf auf das Niveau der großen Küche. Überhaupt versteht er sich als Mittler zwischen regionalen Spezialitäten und der gehobenen Eßkultur von heute.

Auch die Spreewälder Hochzeitssuppe wurde in diesem Sinn kreiert, bei der Kalbfleisch und Krebse auf delikate Weise ihr spezifisches Aroma gegenseitig stützen.

Die großblättrige Brunnenkresse bringt einen leichten Hauch von Meerrettich mit und vollendet damit das ansprechende Ensemble von Zander und Lachs.

Ein köstliches Gericht im Hochsommer: Zartgrüne Zuckerschoten und bordeauxrote Nudeln werden zu Perlhuhn gereicht - ein auch das Auge ansprechendes Arrangement, das auf den Tellern des Services «Rocaille 36» exzellent zur Geltung kommt. Das um 1770 entstandene Dekor zeigt die typische Berliner Blumenmalerei, bei der die Blüten und Blätter leicht auf die Flächen gestreut wirken. Die Putten und Rosen auf den Deckeln und der Salzlecker auf dem Salzgefäß sind von zeitloser Schönheit, ebenso wie der Rocaille-Fruchtkorb auf Fuß und die Bockskopfvase.

Das schwere Kristall der Gläser «Harcourt» von Baccarat und die Bestecke «Malmaison» von Christofle bilden einen würdigen Rahmen.

Zum Abschluß dieses guten Essens werden fein pürierte Kiwi und Sommerfrüchte dekorativ in Marzipan-Kleeblättern angerichtet - eine hübsche Idee, die den Berliner Gourmets und ihren Gästen Glück bringen soll.

DAS SEPTEMBER-MENÜ:

FLUSSKREBSE MIT KÜRBISKUGELN UND PAPRIKAVINAIGRETTE

PETERSILIENWURZELESSENZ MIT GÄNSELEBERNOCKEN IN DER BLÄTTERTEIGHAUBE

GRANITÉ VON BERLINER WEISSE MIT HIMBEEREN

ENTENBRUST MIT KARTOFFEL-APFEL-GRATIN, ROTE BETE UND STECKRÜBCHEN

BAUMKUCHEN-SAVARIN MIT SAUERKIRSCHEN UND MOHN-HONIG-EIS

Die Weinempfehlung:
Châteauneuf-du-Pape Blanc
Domaine de Terre-Fermé
Côtes du Rhône

FLUSSKREBSE MIT KÜRBISKUGELN UND PAPRIKAVINAIGRETTE

Für die Paprikavinaigrette:

1/4 rote Paprika · 1/4 gelbe Paprika
1/4 grüne Paprika
Balsamessig · Olivenöl · Salz und Pfeffer

Die Vinaigrette bereiten, die Paprika in sehr kleine Würfel schneiden und untermischen.

Für die Krebse:

24 Signalkrebse (Pattes rouges) à 80 g
1 kg Krebse · 8 mittlere Blätter Chicorée
8 Stück Portulak · 50 g Butter · Cognac
weißer Burgunder
1 1/2 l Rinderbrühe (s. Seite 18)
Schalotten · Gemüsewürfel

Kürbiskugeln mit den Krebsschwänzen anrichten. Die Chicoréeblätter anschneiden (damit sie nicht kippen) und die Paprikavinaigrette hineinfüllen. Den ganzen Krebs in der Vinaigrette marinieren und mit dem Portulak dekorativ auf dem Teller anrichten.

Krebse waschen, in kochendem Wasser ca. 15 Sekunden abtöten und wieder herausnehmen.
Butter in einer Kasserolle aufschäumen lassen, die Krebse hineingeben und anrösten. Die gehackte Schalotte sowie gewürfelte Gemüse (Lauch, Karotten, Sellerie) hinzufügen und alles mit Cognac flambieren. Das Gemüse soll, damit es keine Farbe verliert, nur leicht angeschwitzt werden. Dann die Rinderbrühe und den weißen Burgunder hinzufügen und zum Kochen bringen.
Nach ca. 2 Minuten die Krebse herausnehmen. 20 Krebsschwänze ausbrechen und den Darm entfernen. 4 Krebse bleiben zur Garnitur.
Kürbiskugeln mit den Krebsschwänzen anrichten. Die Chicoréeblätter anschneiden (damit sie nicht kippen) und die Paprikavinaigrette hineinfüllen. Den ganzen Krebs in der Vinaigrette marinieren und mit dem Portulak dekorativ auf dem Teller anrichten.

PETERSILIENWURZELESSENZ MIT GÄNSELEBERNOCKEN IN DER BLÄTTERTEIGHAUBE

Für die Essenz:

500 g Rinderknochen · 250 g Rinderbrust 2 l Wasser · Salz · 100 g Petersilienwurzel 1/2 Karotte · 1 Stange Lauch (nur das Weiße) 1 kleine Zwiebel · 1/8 Sellerieknolle (von einer kleinen Knolle) · 1 weißes Rübchen 1 Thymianzweig · 1 Lorbeerblatt 5 weiße Pfefferkörner

Für die Klärmasse:

300 g Rinderhesse · 80 g Petersilienwurzel 1/2 Karotte · 1/2 weißes Rübchen · 1/4 Stange Lauch (nur das Weiße) · 2-3 Eiweiße · Salz 3 weiße Pfefferkörner

Essenz (s. Glossar) mit obigen Zutaten herstellen, klären und durch ein Tuch passieren.

Für die Gänselebernocken:

10 cl Sahne · 180 g Kalbfleisch ohne Sehnen 40 g Eiswürfel · 1 Eiweiß · 80 g Gänsestopfleber · Salz · weißer Pfeffer aus der Mühle

Das sauber parierte Fleisch und das Eis sehr fein passieren. Sahne, Eiweiß und die Gewürze nach und nach vorsichtig mit dem Fleisch vermischen. Die durch ein Sieb gestrichene Gänsestopfleber mit einem Spatel nach und nach vorsichtig unterziehen. 16-20 Gänselebernocken formen und in der Petersilienwurzelessenz pochieren.

Für die Blätterteighaube:

4 Blätterteigscheiben · 2 Eigelbe · etwas flüssige Sahne · 4 feuerfeste Suppentassen

Die kalte Petersilienwurzelessenz und die Gänselebernocken in feuerfeste Suppentassen verteilen. Den äußeren Tassenrand mit Eigelb bestreichen, mit dem ausgerollten und zurechtgeschnittenen Blätterteig die Tassen abdecken und gut andrücken. Mit der Eigelb-Sahne-Mischung den Teig bestreichen, in den auf 230 Grad vorgeheizten Backofen stellen. Nach 3 Minuten auf 175 Grad reduzieren, etwa 15 Minuten backen und sofort servieren.

GRANITÉ VON BERLINER WEISSE MIT HIMBEEREN

Für das Granité:

90 g Zucker · 10 cl Wasser · Saft einer halben Limone · 1 Flasche Berliner Weiße 100 g Himbeeren · Pfefferminzblätter

Für das Himbeercoulis:

200 g Himbeeren · 2 cl Läuterzucker 2 cl Himbeergeist

Himbeeren fein pürieren und durch ein Haarsieb streichen. Himbeermark mit Läuterzucker süßen und mit dem Himbeergeist abschmecken. Kalt stellen.

Zucker, 10 cl Wasser und Saft einer halben Limone aufkochen, bis sich der Zucker gelöst hat.

Nach dem Abkühlen die Berliner Weiße dazumischen und in der Edelstahl-Schüssel tiefkühlen.

Während des Gefrierens mit dem Schneebesen die steifer werdende Flüssigkeit mehrfach umrühren. Rührt man öfter, werden die Kristalle kleiner und feiner; ansonsten größer und gröber.

Die gefrorene Masse in die Mitte der Gläser füllen. Mit dem sehr kalten Himbeercoulis umgießen, so daß ein Farbkontrast von Weiß und Rot entsteht.

Mit Himbeeren und den Pfefferminzblättern garnieren.

Bei Verwendung von Berliner Weiße mit Hefesatz vorsichtig gießen und darauf achten, daß die Hefe in der Flasche zurückbleibt.

Die Weinempfehlung:
Château Couvent-des-Jacobins
Grand Cru Classé
St. Emilion
Bordeaux

ENTENBRUST MIT KARTOFFEL-APFEL-GRATIN, ROTE BETE UND STECKRÜBCHEN

ENTENBRUST MIT KARTOFFEL-APFEL-GRATIN, ROTE BETE UND STECKRÜBCHEN

Für die Entenbrust:

4 ausgelöste Entenbrüste · Salz
weißer Pfeffer aus der Mühle
Öl zum Braten

Die Entenbrust mit Salz und Pfeffer würzen und in Öl , zuerst mit der Hautseite, anbraten. Dann im vorgeheizten Ofen bei 210 Grad rosa braten (ca. 15 Minuten). Anschließend 10 Minuten ruhen lassen.

Für die Sauce:

10 cl Hermitage (Rotwein) · 4 cl Madeira
1/2 l dunkler Entenfond
(herstellen wie Wildfond - s. Glossar)
10 g Butter

Den Hermitage und den Madeira zusammen um zwei Drittel einkochen; die Reduktion mit dem Entenfond auffüllen, nochmals um zwei Drittel reduzieren, kalte Butter einrühren, etwas einkochen und abschmecken.

Für die Rote Bete:

2 Knollen Rote Bete
1 Prise Salz · 1 Prise Zucker
Sherry-Essig · Wasser

Rote Bete vorsichtig putzen, aber nicht anschneiden. In mit Salz, Zucker und Sherry-Essig gewürztem Wasser garen. Ist der Garpunkt erreicht, die Rote Bete herausnehmen, mit kaltem Wasser abschrecken und schälen. Die Rote Bete nierenförmig tournieren.

Für die Steckrübchen:

1 kleine Steckrübe
1 Prise Salz · 1 Prise Zucker
Zitronensaft · Wasser

Die Steckrübe tournieren. In mit Salz, Zucker und Zitronensaft abgeschmecktem Wasser etwa 10 Minuten bis auf den Punkt garen.

Für den Zwiebellauch:

2 Stangen Zwiebellauch
Wasser · weißer Pfeffer aus der Mühle
1 Prise Salz · Butter

Den Zwiebellauch waschen, putzen, längs halbieren und in Fächer schneiden. In wenig mit etwas Butter und Pfeffer abgeschmecktem Salzwasser garen. Der Zwiebellauch muß «Biß» haben und Farbe behalten.

Für das Kartoffel-Apfel-Gratin:

2 Äpfel · 2 mittelgroße Kartoffeln
1 Prise Salz · 10 g Butter
1 Prise Zucker

Die Äpfel schälen, vierteln und das Kerngehäuse entfernen. Die Viertel quer in Scheiben schneiden.
Die Sahne und die Prise Zucker aufkochen. Äpfel und Kartoffelscheiben in eine flache gebutterte Gratin-Form einschichten, salzen und mit der heißen Sahne aufgießen, bis alles gut bedeckt ist.Bei 150 Grad etwa eine 3/4 Stunde im Ofen garen, bis die Oberfläche gratiniert.

Anrichten:
Das natürliche Aroma von Zwiebeln und Rübchen wird durch Glasieren angenehm betont.

Für die Glasur wenig Garfond mit etwas Butter und Zucker kurz aufkochen. Nach Geschmack alles oder nur einzelne Beilagen bestreichen.

Die Entenbrust aufschneiden. Die Brustscheiben mit der heißen Sauce, dem Kartoffel-Apfel-Gratin, der Rote Bete, Steckrübchen und dem Zwiebellauch auf vorgewärmten Tellern anrichten.

Die Weinempfehlung:
Château Raymond Lafon Sauternes Bordeaux

BAUMKUCHEN-SAVARIN MIT SAUERKIRSCHEN UND MOHN-HONIG-EIS

Für den Savarin:

85 g Butter · 75 g Zucker
1 EL Vanillezucker · 2 Eigelbe · 2 Eiweiße
20 g geriebene Walnüsse · 35 g Stärke
120 g Aprikosenmarmelade

Für den Baumkuchen die Butter mit der Hälfte des Zuckers und dem Vanillezucker schaumig rühren. Die Eigelbe nach und nach zugeben. Das Eiweiß mit dem restlichen Zucker steifschlagen. Die Nüsse mit der schaumigen Butter vermischen, dann Eiweiß und Stärke vorsichtig unterheben.

Die Savarinformen gut ausbuttern und die Masse 2 mm hoch einfüllen. Bei starker Oberhitze auf der obersten Schiene im Backofen goldgelb backen. Herausnehmen, die nächste Schicht auftragen und genauso backen. Schicht um Schicht so verfahren. Zum Schluß etwas auskühlen lassen. Nach Geschmack mit heißer Aprikosenmarmelade glasieren.

Anrichten: Den Savarin anschneiden, mit den heißen Kirschen füllen und das Eis nockenförmig ausstechen.

Für die Kirschen:

250 g Kirschen · 50 g Zucker
1/4 l trockener Rotwein · 1 TL Weizenstärke
4 cl Kirschwasser

Die entsteinten Kirschen mit etwas Rotwein und Zucker aufkochen, 5 Minuten leicht köcheln lassen. Die Stärke mit etwas Rotwein anrühren und damit den Fond binden. Das Kirschwasser zugeben, ab jetzt nicht mehr kochen lassen.

Für das Mohn-Honig-Eis:

1/2 l Sahne · 5 Eigelbe · 140 g Zucker
45 g gemahlener Mohn
1 1/2 EL Tannenwipfelhonig · 1 Vanillestange

Die Vanillestange der Länge nach aufschneiden, mit einem Messer das weiche Vanillemark herausholen. Eigelb, Zucker, Honig, Vanillemark und Mohn zusammen verrühren. Im heißen Wasserbad aufschlagen, bis ein fester Schaum entstanden ist. Die Schüssel auf Eis stellen und so lange weiter schlagen, bis die Masse kalt geworden ist. Dann die steifgeschlagene Sahne unterziehen und das Ganze im Tiefkühlfach gefrieren lassen.

Heinz-Hermann Panning komponierte dieses Menü im «Berlin-Grill» des Hotel Berlin mit sicherem Gespür für leichte Gaumenfreuden in herzhafter Tradition. Sein preußischer Anspruch, mehr zu sein als zu scheinen, harmoniert in feiner Eleganz mit den dezenten Strukturen des klassisch schlichten Porzellans von «Kurland Weiß».

Das berlinische September-Menü mit seinen leuchtenden Herbstfarben tritt auf dem natürlichen Weiß dieses edlen Geschirrs besonders appetitanregend hervor.

Speziell für dieses Service wurden die berühmten «Kurland-Gläser» der KPM im Stil der Zeit gestaltet. Zusammen mit dem repräsentativen Porzellankühler bilden sie die Krönung feiner Tafelkultur. Das Silber «Perles» von Christofle läßt das Ende des königlichen Rokokos und den Übergang zum Klassizismus erkennen.

Auch wenn die Krebse nicht unbedingt aus der Havel stammen (obwohl sie dort noch oder wieder zu finden sind), repräsentiert dieses Menü Berliner Gourmet-Tradition.

Der Kürbis war und ist den Berlinern mehr als ein Ersatz für Melone oder Ananas.

Die Idee, ein Granité von Berliner Weiße zu bereiten, wirkt ebenso originell wie überzeugend, wenn der «Champagner des Nordens» seinen kühlen, herben Charme auf der Zunge schmilzend entfaltet.

Entenbrust, mit einem kräftigen, den Genuß stärkenden Fettrand, hat im seen- und schilfreichen Umland Berlins ebenso Tradition wie die würzigen Rüben aus dem kargen märkischen Boden.

Und Baumkuchen ist, wenn schon keine Erfindung, so doch eine besondere Spezialität Berliner Patissiers.

DAS OKTOBER-MENÜ:

CARPACCIO VOM REH MIT
STEINPILZTATAR

LACHS IN BROCCOLIFARCE,
IM SCHWEINENETZ GEBRATEN

ZANDER IN KOHL

JUNGSCHWEINRÜCKEN
MIT BROTKRUSTE, GRÜNEN BOHNEN
UND PFIFFERLINGEN

ZIMT-KEILCHEN MIT
BACKPFLAUMEN UND VANILLESAUCE

Die Weinempfehlung:

Crozes-Hermitage
Rouge
Côtes du Rhône

CARPACCIO VOM REH MIT STEINPILZTATAR

Für das Carpaccio:

400 g Rehrücken
Pfeffer · Salz · Kürbiskernöl
Balsamessig

Den Rehrücken von den Knochen befreien, alle Sehnen und Häute entfernen und in den Kühlschrank stellen. Danach das Rehfleisch in dünne Scheiben schneiden, zwischen zwei stabile Plastikfolien legen und mit dem flachen Küchenbeil vorsichtig plattieren. Auf einen mit Kürbiskernöl bepinselten Teller Pfeffer mahlen und mit ein paar Tropfen Balsamessig verrühren. Das hauchdünne Fleisch leicht salzen und durch die Marinade ziehen.

Für das Tatar von Steinpilzen:

150 g Steinpilze
1 große Fleischtomate
1/2 EL Sherry-Essig
2 EL Steinpilzöl (aromatisiertes Olivenöl)
1 Zweig glatte Petersilie · Salz · Pfeffer
3 EL Geflügelfond

Die Tomate brühen, abschrecken und vierteln. Dann schälen, die Kerne entfernen und in feine Würfel schneiden. Die Steinpilze putzen, ebenfalls in feine Würfel schneiden und mit etwas Zitrone beträufeln. Das Tomatenfleisch mit der gehackten Petersilie vermischen. Aus Steinpilzöl, Balsamessig und Geflügelfond eine Marinade herstellen. Die Tomate und die Steinpilze etwa 10 Minuten darin ziehen lassen.

Für den Salat:

50 g Römersalat · 50 g Feldsalat
1 EL alter Balsamessig
2 EL Kürbiskernöl
1 Tropfen Zitronensaft
Salz · Pfeffer

Aus den angegebenen Zutaten eine Salatsauce herstellen. Die Salate waschen, trockenschleudern und mit der Sauce anrichten.

Anrichten:

Die Pilze nachschmecken und zusammen mit dem Carpaccio und dem Salat großzügig auf einem Teller anrichten.

Die Weinempfehlung:
Château de Laynes
Saint-Véran
Mâconnais

LACHS IN BROCCOLIFARCE, IM SCHWEINENETZ GEBRATEN

Anrichten:
Den Lachs aufschneiden und mit dem restlichen Broccoli garnieren. Dazu paßt auch eine Weißweinsauce, wie sie auf Seite 59 beschrieben ist, jedoch ohne Waldmeister.

Für den Lachs:

500 g Lachs
ein frisches Schweinenetz

Den Lachs von der Haut und den Gräten befreien, leicht salzen und pfeffern, dann kühl stellen. Es sollten ca. 350 g Lachsfleisch übrigbleiben. Das Schweinenetz äußerst sorgfältig waschen, 2 Stunden wässern und abtropfen lassen. Mit Küchenkrepp abtupfen.

Für die Farce:

250 g Hechtfleisch
ohne Haut und Gräten
2 Eigelbe · 2 ganze Eier
1/4 l Sahne
200 g Broccoli · 2 Eiweiße

Aus dem Hechtfleisch kleine Stücke schneiden, salzen, pfeffern und kalt stellen. Dann in der Küchenmaschine mit kalter Sahne, 2 Eigelben und 2 Eiern mixen. Die Masse durch ein feines Sieb streichen.

Den Broccoli putzen, in Salzwasser knackig kochen, abschmecken. 100 g gekochten Broccoli pürieren und unter die Hechtmasse mischen. 1 geschlagenes Eiweiß unterheben und wieder kalt stellen.

Den in Stäbchen portionierten Lachs mit der Farce von allen Seiten bestreichen und das Ganze in das Schweinenetz einwickeln. In heißem Olivenöl in der Pfanne anbraten und im 150 Grad heißen Backofen in 6 - 7 Minuten garen.

ZANDER IN KOHL

Für den Zander in Kohl:

1 Zander (ca. 700 g)
1 Kohlkopf
(Weißkohl, Wirsingkohl, Chinakohl)
Salz · Pfeffer
Butter

Den Zander filieren. Aus dem Kopf und der Mittelgräte einen Fischfond kochen (s. Glossar). Die Filets enthäuten, letzte Gräten entfernen und zwischen einer Plastikfolie plattieren.

Für die Roulade:

Den Strunk ausschneiden und den Kohl in große Blätter zerteilen. Die Blätter in kochendem Salzwasser blanchieren. Sie sollten geschmeidig sein, aber noch Biß haben. Danach die dicken Rippen der Blätter herausschneiden.

Eine Alufolie mit Butter bestreichen, mit Salz und Pfeffer würzen und mit den Kohlblättern auslegen. Mit dem leicht gepfefferten und gesalzenen Fisch belegen und aufrollen. Die Folie an beiden Enden zusammendrücken und -drehen, damit kein Wasser eindringen kann. Die Wurst je nach Dicke 10 - 15 Minuten in kochendem Wasser pochieren.

Für die Kapernbutter:

100 g Butter
20 g Kapern in Essig
Zitrone · Salz · Pfeffer

Die Butter in einem kleinen Topf vorsichtig zerlaufen lassen. Die Kapern hinzufügen, mit etwas Zitronensaft beträufeln und leicht köcheln lassen. Die Molke der Butter darf sich nicht absetzen, sie soll mit dem Fett verbunden bleiben.

Anrichten:
Kapernbutter auf einen Teller geben und die in Scheiben geschnittene Lachsroulade darauf anrichten.

Die Weinempfehlung:
Châteauneuf-du-Pape
Rouge
Domaine de
Terre-Fermé
Côtes du Rhône

JUNGSCHWEINRÜCKEN MIT BROTKRUSTE, GRÜNEN BOHNEN UND PFIFFERLINGEN

JUNGSCHWEINRÜCKEN MIT BROTKRUSTE, GRÜNEN BOHNEN UND PFIFFERLINGEN

Für den Jungschweinrücken:

1 kg Jungschweinrücken
100 g Schalotten · Öl · Butter
100 g Toastbrot ohne Rinde
40 g Butter
1 EL Dijoner Senf
60 g Senfkörner · 2 Eigelbe
Salz · Pfeffer

Das Fleisch an den Rippenenden lösen, hochschieben und am Rückgrat der Länge nach einschneiden. Mit Salz und Pfeffer würzen.

Je besser man diese Vorbereitungsarbeiten macht, um so besser kann das Fleisch nach dem Braten geschnitten werden. Wenn man befürchtet, daß die Kruste beim Schneiden zerstört wird, kann man die Schwarte gleich bei der Vorbereitung portionsgerecht einschneiden.

Die Senfkörner 3 Tage vor der Zubereitung auf eine dicke Lage von angefeuchteten Baumwolltüchern legen und gut feucht halten. Das Toastbrot mit Butter und Senf vermischen und dann die angekeimten Senfkörner mit dem Eigelb untermischen. Das Fleisch damit belegen und fest andrücken.

Den Backofen auf 180 Grad vorheizen. Die Pfanne mit Butter, Öl und den klein geschnittenen Schalotten einschieben und ca. 10 Minuten später das Fleisch dazugeben. Nach 20 bis 30 Minuten, je nach Dicke, das Fleisch herausnehmen. Danach warm stellen, damit sich der Saft im Fleisch verteilen kann.

Für die Sauce:

1/2 l braune Kalbsjus · 0,2 l Rotwein
250 g Schalotten
40 g Butter · Salz

Kalbsjus (s. Glossar) zusammen mit dem Rotwein und den geschälten Schalotten in einen Topf geben und leise köcheln. Nach 40 Minuten die ausgekochten Schalotten herausnehmen und die Sauce bis auf etwa 0,3 l weiter reduzieren. Vor dem Servieren eiskalte Butterstückchen unterziehen, mit Salz abschmecken und die Sauce jetzt nicht mehr aufkochen lassen.

Für die Beilagen:

300 g grüne Bohnen
500 g Pfifferlinge · 100 g Butter
Salz · Pfeffer · 2 Schalotten
Bohnenkraut · Öl
Blattpetersilie · 1/2 Knoblauchzehe

Die grünen Bohnen der Länge nach halbieren und 1 Minute blanchieren. In kaltem Wasser abschrecken. Die feingeschnittene Schalotte in Butter anschwitzen, die Bohnen zugeben, mit Salz und Pfeffer aus der Mühle und wenig frischem Bohnenkraut abschmecken.

Die Pfifferlinge lediglich mit einem kleinen Messer säubern, da sie im Wasser an Geschmack verlieren würden. Den Boden einer Pfanne gut mit Öl bedecken und die Pfifferlinge in heißem Öl anbraten. Sobald sie Wasser abgeben, die Pilze auf ein Sieb geben und gut abtropfen lassen. Nun Butter in die Pfanne geben, zerlaufen lassen, die feingehackte Schalotte und die halbe Knoblauchzehe hineingeben. Feingeschnittenen mageren Speck und die abgetropften Pfifferlinge dazugeben und fertig garen. Mit Pfeffer und Salz abschmecken, die Knoblauchzehe entfernen und mit etwas feingehackter Blattpetersilie servieren.

Für die Kartoffelpuffer:

500 g Kartoffeln
Salz · Muskat · Öl

Kartoffeln schälen und auf der feinsten Reibe reiben, mit Salz und Muskat würzen. In der Pfanne bei großer Hitze in Öl braten.

Anrichten:
Das in 4 Portionen geteilte Fleisch auf einen Saucenspiegel setzen und die Beilagen gefällig dazulegen.

Die Digestif-empfehlung:
Armagnac Folle Blanche Château de Tariquet

ZIMT-KEILCHEN MIT BACKPFLAUMEN UND VANILLESAUCE

Für die Keilchen (Schupfnudeln):

400 g Kartoffeln
150 g Mehl · 1 Ei
1 TL Zimt · 50 g Butter
1 EL Zucker

Die am Tag vorher gekochten Pellkartoffeln schälen und durch eine Presse drücken. Mit Mehl, Ei, Zimt und einer Prise Salz zu einem Teig verkneten. Fingerlange, nicht zu dünne, keilförmige Rollen daraus formen. 1 Minute in kochendem Salzwasser garen und in kaltem Wasser abschrecken. Die Keilchen herausnehmen und 1 Stunde ruhen lassen. Vor dem Anrichten in der Pfanne mit Butter und Zucker anschwenken.

Anrichten:
Die in Butter und Zucker geschwenkten Keilchen über den Backpflaumen anrichten. Die Vanillesauce in einer Sauciere reichen.

Für die Backpflaumen:

250 g Backpflaumen
1/4 l Portwein · 1/4 l Rotwein
1/2 Stange Zimt · Orangenschalen

Backpflaumen über Nacht in einer Portwein/Rotwein-Mischung einweichen. Zimt und Orangenschalen zugeben und einmal aufkochen. Die Pflaumen aus dem Sud nehmen, diesen durch ein Sieb abgießen und auf die gewünschte Dicke reduzieren lassen. Backpflaumen wieder zugeben und anrichten.

Für die Vanillesauce:

1/4 l Milch · 1/4 l Sahne
1 Stange Vanille · 4 EL Zucker
4 Eigelbe

Milch und Sahne mit Zucker und dem ausgekratzten Inneren der Vanillestange aufkochen. Mit den 4 Eigelben zur Rose abziehen (siehe Glossar).

Peter Frühsammer aus Schwaben ist Berliner aus Überzeugung. Sein Großvater war Wirt in einem Landgasthaus, und von ihm hat er die Liebe zur individuellen Gastronomie, die er in seinem Restaurant «An der Rehwiese» vorbildlich pflegt. Sein Menü verrät die Neigung, das Einfache mit dem Außergewöhnlichen raffiniert zu kombinieren.

Carpaccio ist eine Erfindung des venezianischen Gastronomen Giuseppe Cipriani, den das kräftige Rot des Rindfleisches an die Palette des Renaissancemalers Vittore Carpaccio erinnerte. Peter Frühsammer bietet eine Variation - im Farbton dunkler - aus Rehfleisch. Diese Delikatesse könnte zu einem Klassiker der anspruchsvollen Berliner Küche werden.

Der schonende Garvorgang im Schweinenetz läßt den Lachs zart ziehen. So bewahrt sich der Geschmack des Edelfisches samt der feinen Broccoli-Farce. Gerade bei dieser Verarbeitung eines Gemüses mit geringer eigener Aussagekraft zeigt sich die Souveränität des Kochs.

Außergewöhnlich ist der Zander im Kohlblatt. Peter Frühsammer setzt dem feinen Fisch das herzhafte Aroma des Kohls entgegen.

Jungschweinrücken kommt der traditionellen Liebe der Berliner zum Schwein entgegen. Der Fleischgeschmack wird in der Brotkruste saftig bewahrt und mit Dijoner Senf pikant erweitert. Die Pfifferlinge neben den Bohnenstreifen setzen einen delikaten Akzent.

Die Bauhaus-Schülerin Trude Petri leitete mit ihrer Service-Kreation «Urbino» eine neue Entwicklung der Porzellangestaltung ein. 1937 wurde diese Form auf der Mailänder Triennale preisgekrönt. Auf dem edlen Weiß des kostbaren Dekors «Platin» tritt die fein abgestimmte Farbkomposition dieses Herbst-Menüs besonders appetitanregend hervor. Das Glas «Norma», ebenfalls mit Platinrand, ist von Baccarat und das Silber «Aria» von Christofle.

Keilchen, die in Schwaben als Schupfnudeln bekannt sind, genießen Berliner als typischen Abschluß der Speisefolge.

DAS NOVEMBER-MENÜ:

STOPFLEBERTERRINE MIT
ROTWEIN-QUITTENGELEE
UND GEMÜSEBRIOCHE

GRÜNE LINSENCREMESUPPE
MIT KREBSKLÖSSCHEN

KARPFEN IN CIDRE-APFELSAUCE

REHRÜCKENSCHEIBEN IN WEISSKOHL
MIT HASELNUSS-SAUCE

BERLINER PFANNKUCHEN
MIT GEWÜRZEIS UND
RUMTOPFFRÜCHTEN

Die Weinempfehlung:
Madiran Rouge
Domaine Laplace
Armagnac

STOPFLEBERTERRINE MIT ROTWEIN-QUITTENGELEE UND GEMÜSEBRIOCHE

Für die Stopfleberterrine:

500 g Gänsestopfleber
70 g schwarze Trüffeln
150 g frischer Speck (grüner Speck)
1 TL Salz · 1 Prise Muskat · Pfeffer
1,5 cl roter Portwein · 1 cl Cognac
1/2 l Milch · Feldsalat

Gänsestopfleber sorgfältig von den Adern befreien und einen Tag in Milch einlegen. Danach mit den Gewürzen und dem Alkohol einen Tag lang marinieren. Die Trüffeln abbürsten und in hauchdünne Scheiben schneiden. Terrinenform mit dem in dünne Scheiben geschnittenen Speck auslegen, die Leber in die Trüffelscheiben einpacken und in die Form pressen. Mit Speck abdecken und im Ofen im Wasserbad bei 68 - 70 Grad pochieren. Nach 40 - 45 Minuten herausnehmen, beschweren und einen Tag kalt stellen. Die Terrinenform stürzen (vorher kurz mit heißem Wasser erwärmen) und die Terrine in Scheiben schneiden.

Für das Rotwein-Quittengelee:

2 Quitten · 0,7 l Rotwein · 1/2 Stange Zimt
40 g Zucker · Schale von 1/2 Orange

Quitten schälen, entkernen und mit allen Zutaten weich kochen. Die Zimtstange entfernen und im Mixer pürieren. Dann durch ein Sieb passieren und kalt stellen.

Für die Gemüsebrioche:

250 g Mehl · 25 g Zucker · 1 EL Salz · 3 Eier
20 g Hefe · 100 g Butter · 6 cl Milch
je 1 rote, gelbe und grüne Paprikaschote

Hefevorteig ansetzen, das restliche Mehl, sowie Zucker, Salz und Eier zugeben. Die Butter nach und nach unterwirken. 1/2 Stunde gehen lassen. Teig zusammenschlagen und noch eine Stunde gehen lassen, dann in 3 Teile teilen. Die geschälten und entkernten Paprikaschoten pürieren. Die verschiedenfarbigen Pürees zu je einem Teil des Teiges geben. Teig nochmals 2 Stunden gehen lassen und dann zopf- oder schichtweise ausformen. Bei 200 Grad 20 Minuten backen.

Anrichten:
Eine Scheibe der Terrine auf den Teller legen, links und rechts davon etwas Quittengelee plazieren und mit Feldsalat dekorieren.
Die Brioche auf einem kleinen Teller getrennt servieren.

GRÜNE LINSENCREMESUPPE MIT KREBSKLÖSSCHEN

Anrichten:

Die Suppe in Tassen gießen und je zwei Krebsklößchen hineingeben.

Für die Suppe:

100 g grüne Linsen · 4 Schalotten · 1 Möhre
1/4 Stange Lauch · 20 g Sellerie
1 l Rinderbrühe · 1/4 l Sahne
3 cl Balsamessig · 1 Lorbeerblatt
20 g Speck · 20 g Butter
Salz · Pfeffer · Schnittlauch

Die Linsen 1 Tag einweichen. Das Einweichwasser abgießen und die Linsen mit Speck, 3 Schalotten, einer halben Möhre, der Butter und dem Lorbeerblatt ansetzen und mit Brühe aufgießen. Kurz bevor die Linsen weich sind, die Hälfte der Sahne zugießen und fertig garen. Einige Linsen zur Dekoration herausnehmen. Den Rest pürieren, durch ein Sieb passieren und mit Essig, Salz und Pfeffer abschmecken. Die restlichen Gemüse in feinste Würfel schneiden, den Schnittlauch schneiden und in die Suppe geben. Die restliche Sahne aufschlagen und unterziehen.

Für die Krebsklößchen:

100 g schieres Krebsfleisch
von ca. 400 g Krebsen
50 g Zanderfleisch
100 g Sahne
Salz · Pfeffer
gehackte Gartenkräuter

Krebse in kochendem Wasser töten, ausbrechen und 4 Schwänze beiseite legen. Das gut gekühlte Krebsfleisch, den Fisch, Salz und Pfeffer unter langsamer Zugabe der Sahne im Mixer pürieren. Schnell arbeiten, damit die Masse sich nicht erwärmt. Die Masse durch ein Sieb streichen, Kräuter dazugeben und Nocken abstechen. Je einen halben Krebsschwanz hineindrücken und in Salzwasser garen, nicht kochen.

Die Weinempfehlung:

Chablis Grand Cru
Valmur
Chablis

KARPFEN IN CIDRE-APFELSAUCE

Für den Karpfen:

1 1/2 kg Karpfen · 8 - 12 cl Weinessig

Den Karpfen von den Gräten lösen und aus Kopf und Gräten einen Fischfond herstellen (s. Glossar). Das Fleisch in Portionsstücke teilen und - nach Zubereitung der Sauce - im Fond langsam gar ziehen lassen. Dem Fond wird Weinessig zugesetzt, damit der Karpfen schön blau wird. Für 1/2 l Fond ca. 8 cl Weinessig verwenden.

Für die Cidre-Apfelsauce:

1/4 l Cidre · 4 Schalotten
1 fester, säuerlicher Apfel · 20 g Butter
1/2 l Crème double · 10 g Rosinen
2 cl Calvados · 1 cl Apfelsaft

Die kleingehackten Schalotten in Butter anschwitzen und vor dem Bräunen mit Cidre ablöschen. Um die Hälfte reduzieren lassen. Den Apfel schälen, entkernen, in kleine Stücke schneiden und in die reduzierte Sauce geben. Die Sahne angießen und weiter reduzieren lassen. Wenn die gewünschte Konsistenz erreicht ist, im Mixer pürieren und durchs Sieb streichen. Mit Salz und Pfeffer abschmecken und die am Tag zuvor in Calvados und Apfelsaft eingeweichten Rosinen gut abgetrocknet dazugeben.

Für die Beilage:

800 g Spinat · 50 g Butter
Salz · Muskat · Pfeffer

Den Spinat waschen und von den Stielen befreien. Winterspinat sollte 5 Minuten kochen, feinere Spinatblätter nur 1 Minute blanchieren. **B**utter hellbraun werden lassen, mit Salz, Pfeffer und Muskat würzen und die gut abgetropften Spinatblätter fertig dünsten. In eine kleine Kaffeetasse drücken und warm halten; zum Servieren stürzen.

Anrichten:

Die Karpfenstücke um den in der Mitte des Tellers plazierten Spinat anordnen und mit der Sauce übergießen. Wenn es gewünscht wird, können auch Salzkartoffeln dazu gereicht werden.

Die Weinempfehlung:
Château
de Haute-Serre
Cahors
Jurançon

REHRÜCKENSCHEIBEN IN WEISSKOHL MIT HASELNUSS-SAUCE

REHRÜCKENSCHEIBEN IN WEISSKOHL MIT HASELNUSS-SAUCE

Für den Rehrücken:

1 1/2 kg Rehrücken · 1 Weißkohl
Salz · Pfeffer

Den Rehrücken auslösen, das Fleisch von Sehnen befreien und beiseite legen. Den Kohlkopf im ganzen ca. 30 Minuten blanchieren und die Blätter nach und nach entfernen. Die großen Blätter beiseite legen, die kleinen in feine Streifen schneiden und gut weich dünsten.

Den ausgelösten Rehrücken salzen und pfeffern und mit den Kohlstreifen belegen. In die großen Kohlblätter einrollen und mit einem Faden zusammenbinden. Im Ofen bei 180 Grad von jeder Seite ca. 4-6 Minuten garen. Bei größeren Rückensträngen die Garzeit verlängern.

Für den Wildfond:

1 Möhre · 1 Zwiebel
2 Schalotten · 1/4 Sellerieknolle
3 Wacholderbeeren · 6 grüne Pfefferkörner
1 Lorbeerblatt · 1 EL Tomatenmark
30 cl Rotwein · 2 l Wasser · 10 cl Öl
ausgelöste Knochen und Sehnen

Die ausgelösten Knochen klein hacken und mit den Sehnen in Öl braun anbraten. Dann das Gemüse 10 Minuten mitrösten lassen. Tomatenmark dazugeben und mit Rotwein und Wasser ablöschen. Die Gewürze dazugeben und 2 bis 3 Stunden köcheln lassen. Durch ein Sieb geben und so lange reduzieren, bis die gewünschte Konsistenz erreicht ist.

Für die Haselnußsauce:

1 Möhre · 1/4 Stange Porree
3 Schalotten · 30 g Butter
20 g Crème fraîche
150 g feingehackte Haselnüsse
0,2 l Rotwein · 1 Orange
1 TL Johannisbeergelee · 1/2 l Wildfond

Das geputzte und kleingeschnittene Gemüse in 10 g Butter anschwitzen. Mit Rotwein löschen, den Saft der Orange dazugeben und reduzieren lassen. Dann den Wildfond und 100 g goldbraun geröstete Haselnüsse dazugeben und wieder um die Hälfte reduzieren lassen. Jetzt die Sauce durch ein Sieb geben. Die restlichen Nüsse, die Butter und Crème fraîche untermischen und mit Salz und Pfeffer abschmecken.

Für die Beilagen:

200 g Teltower Rübchen
150 g Rote Bete · 300 g Kartoffeln
1 Eigelb · Salz · Muskat

Die jungen, kleinen Teltower Rübchen waschen, schälen und gar kochen. Wenn sie sehr klein sind, muß der Blattansatz beim Putzen nicht entfernt werden. Von den gekochten Rübchen einen Deckel abschneiden, aushöhlen und beiseite legen. Zum Glasieren läßt man in einer Pfanne frische Butter und etwas Zucker zergehen. Der Zucker soll ganz leicht Farbe annehmen. Die Rübchen darin schwenken, 1 EL Brühe dazugeben und mit Salz abschmekken. Die Rote Bete wird mit der Schale gekocht und nach dem Abkühlen geschält. Dann die im Mixer pürierte Rote Bete mit einem Spritzer Himbeeressig, Salz und Pfeffer abschmecken und in die Rübchen füllen.

Die Kartoffeln schälen, in Salzwasser gar kochen und durch eine Karoffelquetsche geben. Wenn sie abgekühlt sind, mit dem Ei verkneten und mit Salz und Muskat würzen. Mit einer Sterntüllen-Spritze auf ein mit Backpapier belegtes Blech spritzen und im Ofen leicht bräunlich backen. Natürlich paßt auch ein Kartoffelgratin zu diesem Gericht und als weitere Beilage ein süßsauer eingelegter Kürbis.

Anrichten:

Die Rehroulade in 2-3 cm dicke Scheiben schneiden. Auf die heißen Teller einen Saucenspiegel gießen, das Fleisch darauflegen und die Rübchen und Kartoffeln daneben setzen.

Die Digestif-empfehlung:

Cognac 1er Cru Marcel Ragnaud

BERLINER PFANNKUCHEN MIT GEWÜRZEIS UND RUMTOPFFRÜCHTEN

Anrichten:

Zuerst die weiße Schokoladensauce auf die Teller geben. Die Pfannkuchen durchschneiden und mit der Rum-Läuterzucker-Mischung tränken. Die Rumtopffrüchte auf den Teller legen, den Pfannkuchen mit dem Eis füllen und auf die Sauce legen. Sofort servieren.

Für das Gewürzeis:

1/8 l Milch · 1/8 l Sahne
4 Eigelbe · 70 g Zucker · 3 g Anis
2 Vanillestangen · 1 Prise Zimt
1 Prise Kardamom
3 g Lebkuchengewürz

Milch und Sahne aufkochen, die mit dem Zukker schaumig gerührten Eigelbe und die Gewürze unterziehen und zur Rose abrühren (s. Glossar). Die Masse durch ein Sieb streichen, abkühlen lassen und in die Eismaschine geben.

Für die Berliner Pfannkuchen:

7,5 cl Milch · 20 g Hefe
30 g Butter · 200 g Mehl · 25 g Zucker
1 Prise Salz · 2 Eigelbe
1 cl Rum

Milch und Butter zusammen erwärmen und die Hefe darin auflösen. Mit dem Mehl und den anderen Zutaten vermischen, ca. 5 Minuten mit der Küchenmaschine kneten. 1 Stunde an einem warmen Ort aufgehen lassen, dann ca. 60 g schwere Bällchen formen und nochmals gehen lassen. In der Fritüre bei 200 Grad von jeder Seite 3 Minuten ausbacken und ca. 1 Stunde - nicht im Kühlschrank - auskühlen lassen. Die Ballen halbieren und mit einer Mischung aus Rum und Läuterzucker tränken.
Mit dem Gewürzeis füllen und die Rumtopffrüchte anlegen.
Rumtopffrüchte im Laufe des Jahres in einer Mischung von 1:1:1 (Zucker, Früchte, Rum) gewaschen und verlesen in einem großen Topf einlegen.

Für die weiße Schokoladensauce:

1/4 l Milch · 4 Eigelbe
20 g Zucker · 60 g weiße Schokolade
2 cl weiße Crème de Cacao

Die Milch aufkochen und mit den Eigelben und dem Zucker zur Rose abziehen (s. Glossar). Die Schokolade im Wasserbad schmelzen, Crème de Cacao und die Eiermasse angießen und verrühren.

Thomas Knab sieht die besondere Herausforderung seines Berufs darin, die Tradition der feinen Küche mit neuen Ideen zu beleben.
Er hat sich im Hotel Intercontinental eine Folge von Gerichten ausgedacht, die hier auf den Tellern des Service «Rocaille 15» mit der reizvollen Farbkante aus Grün und Gold zu erlesenen Tafelfreuden einladen. Die um 1767 entstandene Rocaille-Form kündet mit ihrer schlichten Flächengliederung bereits den Übergang von der heiteren Beschwingtheit des Rokoko zu den strengen Formen des Klassizismus an.
Damit harmonieren die ziselierten Gläser «Sevigné» und der Kristall-Eiskübel «Harcourt», beide von Baccarat. Die Bestecke «Marly Gold» von Christofle unterstreichen den lustvollen Prunk.
Eines der Wunder der französischen Küche ist die getrüffelte Gänsestopfleber. Ihr Geschmack ist unvergleichlich - von einer ganz leichten, sehr feinen Bitterkeit, die hier von der herben Süße der Quitte dezent betont wird.
Früher wurden Linsen zu derben, meist geräucherten Fleischarten gereicht. Die Neue Küche, die diese einfache Hülsenfrucht schätzt, verbindet sie gern mit exquisiten Dingen wie etwa Krebsklößchen.
Äpfel, Cidre und Calvados verfeinern den Karpfen blau - eine Prise Normandie in einem typischen Berliner Gericht.
Konsequent die Idee, auch die herkömmliche Kohlroulade abzuwandeln. Thomas Knab füllt sie mit Scheiben vom Rehrücken und reicht dazu eine Haselnußsauce, deren leicht herbes Aroma den edlen Wildgeschmack unterstützt.
Das Gewürzeis im Berliner Pfannkuchen, der dieses Herbstmenü beschließt, weckt bereits vorweihnachtliche Gefühle.

DAS DEZEMBER-MENÜ:

KALBSBRIES
MIT TRÜFFELVINAIGRETTE UND
TRÜFFELBRIOCHE AN SALAT

CONSOMMÉ MIT LANGOUSTINOS

SCHLEI SOUFFLIERT
MIT KAVIARSAHNE

IN HONIG GLASIERTE
GÄNSEBRUST MIT KARTOFFELPRALINE
UND AHORNSIRUP-APFEL

CREMEGUGELHUPF

Die Weinempfehlung:
Bandol Rosé
Moulin des Costes
Provence

KALBSBRIES MIT TRÜFFELVINAIGRETTE UND TRÜFFELBRIOCHE AN SALAT

Für das Kalbsbries:

400 g Kalbsbries · 50 g Butter
1 großer Trüffel (ca. 80 g)
2 EL Haselnußöl · 1 TL Himbeeressig
1 TL alter Balsamessig · 1 EL Trüffelöl
1 TL roter Portwein · Salz · Pfeffer
Salat nach Wahl

Das Kalbsbries über Nacht wässern. Von Sehnen und Häuten befreien und in Röschen teilen. Würzen und in Butter auf kleiner Flamme ca. 10 Minuten hellbraun braten, danach auf Küchenpapier abtropfen lassen.

Den Trüffel kann man roh oder gekocht verwenden. Wenn er gekocht werden soll, sauber abbürsten und in Portwein pochieren. Den Trüffel in feine Streifen schneiden (Julienne) und in die aus Essig, Öl und Gewürzen hergestellte Vinaigrette geben.

Das Bries zusammen mit dem Salat auf den Tellern anrichten und die Trüffelvinaigrette dazugeben.

Für die Trüffelbrioche:

15 g Hefe · 3 cl Milch
30 g Mehl · 2 Eigelbe · 1 ganzes Ei
100 g Mehl · 3 TL Zucker
1 TL Salz · 40 g Butter
30 g gehackte Trüffeln

Aus Hefe, lauwarmer Milch, dem Mehl und den Eigelben einen Vorteig herstellen und 1/2 Stunde gehen lassen. Dann die restlichen Zutaten mit Ausnahme der Trüffeln hinzufügen und den Teig an einem warmen Ort ca. 2 Stunden gehen lassen. Nochmals durchkneten, die gehackten Trüffeln zufügen, in 8 Portionen teilen, beliebig formen und nochmals 1 Stunde gehen lassen. Dann bei 180 - 200 Grad ca. 15 Minuten ausbacken.

Die Weinempfehlung:
Cassis Blanc
Clos St. Madelaine
Provence

CONSOMMÉ MIT LANGOUSTINOS

Anrichten:
Zusammen mit den blanchierten und tournierten Gemüsen in den Tassen anrichten und die heiße Consommé angießen. Mit Kerbel garnieren.

Für die Consommé:

80 g Butter · 4 cl Cognac
1/4 l Weißwein · 1 l Fischfond
5 reife Tomaten
2 EL gehackte Staudensellerie
2 EL gehackte Schalotten
2 EL gehackte Petersilienwurzel
3 Zweige Thymian · 4 Zehen Knoblauch
2 Zweige Estragon · 2 Nelken
1 Sternanis · Kerbel
Karkassen der Langoustinos

Die Karkassen der Langoustinos zerkleinern, in Butter anbraten, mit Cognac ablöschen und flambieren. Weißwein und Fischfond aufgießen, Gemüse und Gewürze dazugeben und 1 Stunde köcheln lassen. Durch ein Tuch passieren und kalt stellen. Nach dem Erkalten abfetten.

Für die Klärung:

3 Tomaten
150 g Fischfleisch (Hecht)
3 Eiweiße

Die gekühlten, gehackten Tomaten mit dem gehackten Fischfleisch und dem Eiweiß gut vermischt unter die kalte Brühe geben, alles zusammen aufkochen und bis zur Klärung ziehen lassen. Nach ca. 10 Minuten durch ein Tuch passieren.

Für die Einlage:

12 Langoustinoschwänze
1 Möhre · 1/2 Sellerie
1 Zucchini

Die Langoustinoschwänze auslösen und kühl stellen. Dann in etwas getrennter Consommé ca. 3 Minuten garen lassen.

Die Weinempfehlung:

Champagne Blanc de Noirs Bouzy Champagne

SCHLEI SOUFFLIERT MIT KAVIARSAHNE

Für den Schlei:

2 Schleie à 500 g
300 g Zander- oder Hechtfleisch
1 Ei · 5 cl Sahne · 1 cl Noilly Prat
150 g Sahne · 2 Eiweiße · Salz · Cayenne
Zitronensaft · 4 Schalotten
4 cl Noilly Prat · 1/8 l Weißwein
1/8 l Fischfond · 10 g Butter

Die Schleie enthäuten, entgräten und dann kühl stellen.
Das Zander- oder Hechtfleisch in Stücke schneiden. Mit Ei, Sahne, Noilly Prat, Salz und Cayenne 1/2 Stunde in den Tiefkühler stellen, dann in der Küchenmaschine mixen. Durch ein Sieb streichen und mit 150 g Sahne aufmontieren. 2 geschlagene Eiweiß unterheben.
Die Schleie salzen, pfeffern und mit Zitrone beträufeln. Dann die Farce aufstreichen.
In einer Backform ein Bett aus in Butter glasig gedünsteten Schalotten, Noilly Prat, Weißwein und Fischfond herstellen und die Schleie zusammen mit der Farce darauflegen. Bei starker Oberhitze (250 Grad) in ca. 7 Minuten goldgelb werden lassen.

Für die Kaviarsauce:

1 EL Butter · 3 Schalotten
1/8 l Weißwein · 5 cl Noilly Prat
1/4 l Fischfond · 150 g Crème double
1 TL Zitronensaft · 150 g Sevruga Kaviar
1 EL geschlagene Sahne
Salz · Cayenne

Schalotten in Butter anschwitzen, mit Weißwein und Noilly Prat ablöschen. Reduzieren und dann 1/4 l Fischfond aufgießen, weiter reduzieren und mit Crème double aufkochen. Durch ein feines Sieb geben und mit Salz, Cayenne und Zitrone würzen. Zum Schluß den Kaviar mit der Schlagsahne unterheben.

Anrichten:
Von der Kaviarsauce ein wenig auf die warmen Teller geben, den Schlei darauflegen und, wenn gewünscht, Beilagen dazu geben.

Die Weinempfehlung:
Bandol Rouge
Moulin des Costes
Provence

IN HONIG GLASIERTE GÄNSEBRUST MIT KARTOFFELPRALINE UND AHORNSIRUP-APFEL

IN HONIG GLASIERTE GÄNSEBRUST MIT KARTOFFELPRALINE UND AHORNSIRUP-APFEL

Für die Gänsebrust:

1 Gänsebrust am Knochen (ca. 800 g)
1 Zwiebel · 1 Möhre · Salz · Pfeffer
Majoran · 50 g Butter
50 g Honig

Die Gänsebrust mit den Gewürzen einreiben. Mit etwas Wasser und dem kleingeschnittenen Gemüse in der Backröhre bei 220 Grad braten. Von Zeit zu Zeit etwas Wasser nachgießen. Die Gesamtbratzeit ist je nach Dicke der Gänsebrust ca. 1 Stunde. Die Butter mit dem Honig in einem Topf erwärmen und in der letzten Viertelstunde die Gänsebrust alle 5 Minuten mit der angewärmten Mischung aus Butter und Honig bestreichen. Nach dem Braten die Brust vom Knochen lösen und warm stellen, zum Anrichten in Scheiben schneiden.

Für die Sauce:

1/2 l brauner Kalbsfond
1/4 l Geflügelfond · Butter

Den Bratensatz und die Gemüse mit Geflügelfond (s. Glossar) ablöschen und eine Weile köcheln lassen. Durch ein Sieb geben und reduzieren. Den Kalbsfond (s. Glossar) zufügen. Wenn er stark reduziert ist, gibt er genug Bindung, und man kann die Sauce nachwürzen. Wenn nicht, muß man weiter reduzieren lassen, bis die gewünschte Konsistenz erreicht ist. Kalte Butter mit dem Schneebesen einarbeiten, um die Sauce vollends abzubinden. Eventuell nachwürzen.

Für den Ahornsirup-Apfel:

2 Äpfel (Boskop oder Granny Smith)
3 EL Ahornsirup · Butter

Die Äpfel schälen, entkernen und in gleichmäßige Schnitze schneiden. Die Apfelstückchen mit Küchenkrepp abtupfen. Diese in Butter anbraten und sobald sie anfangen zu bräunen, mit Sirup aufgießen und auf kleiner Flamme langsam gar dünsten.

Für die Kartoffelpralinen:

500 g mehlige Kartoffeln
100 g Spinat · 100 g Rote Bete
50 g Kartoffelmehl · 2 Eigelbe
Salz · Muskat · Butter

Den kalten Spinat im Mixer hacken und den Saft zum Färben durch ein Sieb abtropfen lassen. Den Saft erhitzen und den sich absetzenden Farbstoff durch ein Filterpapier nochmals abtropfen lassen. Die Rote Bete roh reiben und dann genauso verfahren.
Die Kartoffeln schälen und abkochen. Durch die Presse geben und mit dem Eigelb, dem Kartoffelmehl und den Gewürzen vermischen und in drei Portionen teilen. Zwei davon mit dem gewonnenen grünen bzw. roten Farbstoff färben. Die innere rote Kugel mit der grünen Masse umhüllen und danach mit der weißen Masse fertig machen. Um diesen Arbeitsgang zu erleichtern, kann man die grüne und die weiße Masse mit einem Rollholz ausrollen und mit einem Glas runde Plätzchen ausstechen. In der Pfanne mit Butter bei kleiner Flamme leicht flachgedrückt braten.

Anrichten:
Zuerst die Kartoffelpralinen, Apfelspalten und die Sauce auf den Tellern plazieren.
Die in Scheiben geschnittene Gänsebrust auf die Sauce legen.

Die Weinempfehlung:
Muscat d'Alsace
Grand Cru
Elsaß

CREMEGUGELHUPF

Für die Mandelcreme:

150 g Sahne · 40 g Zucker
3 Eigelbe · 50 g geröstete, gehobelte Mandeln
3 Blatt Gelatine · 2 cl Mandellikör
50 g geschlagene Sahne

Die Sahne mit dem Zucker und den gerösteten Mandeln aufkochen, zudecken und 1/2 Stunde stehen lassen. Dann nochmals aufkochen und mit den Eigelben zur starken Rose abziehen (s. Glossar).
Die in kaltem Wasser eingeweichte Gelatine dazugeben und glattrühren, alles durch ein feines Sieb passieren und auf Eis stellen. Sobald die Masse beginnt fest zu werden, Mandellikör und geschlagene Sahne unterziehen.

Für die Nougatcreme:

45 g Bitterschokolade
10 g Vollmilchschokolade · 50 g Nougat
1/4 abgeriebene Orangenschale
1 Ei · 1 Eigelb · 1/2 Blatt Gelatine
1 TL Rum · 1 EL Grand Marnier
1 Eiweiß · 50 g geschlagene Sahne
40 g gebräunte Mandelblättchen
etwas Butter für die Förmchen

Nougat mit den beiden Schokoladen im Wasserbad auflösen. Ei und Eigelb im Wasserbad erst heiß, dann kalt schlagen. Die eingeweichte Gelatine ausdrücken und in der erwärmten Schokoladen/Nougatmischung auflösen. Rum, Grand Marnier und Orangenschale dazugeben und alles zur Eigelbmasse geben. Kalt stellen und wenn die Creme fest wird, die geschlagene Sahne und das geschlagene Eiweiß unterziehen. Die Gugelhupfformen ausbuttern, mit den Mandeln ausstreuen und die beiden Cremes abwechselnd einfüllen. 3 Stunden kalt stellen und dann stürzen.

Für die Crème Anglaise:

1/4 l Sahne · 5 Eigelbe · 50 g Zucker
1 Stange Vanille · geschlagene Sahne

Die Sahne mit dem ausgekratzten Mark der Vanillestange aufkochen. In einer Schüssel die Eigelbe mit dem Zucker verrühren, die heiße Sahne dazugeben, auf kleiner Flamme zur Rose abziehen, mit etwas Schlagsahne verfeinern.
Die Gugelhupfform mit der Creme im Wasserbad kurz erwärmen, vorsichtig auf die Teller stürzen. Die Crème Anglaise plazieren und nach Belieben garnieren.

Franz Raneburger schuf aus Ingredienzen der allerfeinsten Provenienz sein außergewöhnliches Weihnachtsmenü, das höchsten Ansprüchen gerecht wird.

Ein reiches Spektrum erlesener Genüsse bietet sich festlich auf dem Service «Neuosier» dar - hier mit poliertem Goldrand und Rokoko-Goldkante. Die Teller mit Korbgeflecht-Relief und handgemalter Goldbordüre schmückten einst die Hoftafel Friedrichs des Großen im Schloß Sanssouci.

Die im gleichen Stil dekorierten Baccarat-Gläser «Recamier» und das Christofle-Silber «Vendôme» verwöhnen zusätzlich das festlich gestimmte Auge.

Mit sacht angebratenem Kalbsbries wird die festliche Folge eröffnet. Das stimulierende Aroma der Trüffel, das sich auch in den Brioches entfaltet, gibt diesem noblen Hors d'œuvre den luxuriösen Beiklang.

Im Dezember sind die Langoustinos am wohlschmeckendsten; ihr milder und zugleich intensiver Geschmack kommt in einer herzhaften Consommé besonders zur Geltung.

Zu den Tafelfreuden in Sanssouci gehörte bekanntermaßen auch der Schlei - ein königliches Fischgericht, das der Kaviar gleichsam krönt.

Berliner wissen «Ne jut jebratene Jans is ne jute Jabe Jottes» und genießen sie am liebsten mit mürbe gebackenen Äpfeln. Der Honig verleiht dieser köstlichen Weihnachtsgans eine verlokkend duftende Kruste. Manche Kenner halten sie sogar für das Beste daran.

Am Ende der Tafel präsentiert Franz Raneburger eine Tiroler Cremespezialität, die er als Gruß seiner Heimat an Berlin versteht.

REZEPTGLOSSAR

Ablöschen
Den nach dem Braten von Fleisch, Geflügel, Fisch etc. am Boden der Pfanne haftenden Bratensatz mit Flüssigkeit (z.B. Wein, Sahne, Fond) ablösen.
Davor wird das Bratgut aus der Pfanne genommen und das Fett abgegossen. Die Pfanne wird erhitzt und die Kruste mit einem Holzkochlöffel vorsichtig vom Boden abgelöst.

Abschäumen
Fleisch- und Fischeiweiß gerinnen bei ca. 70 Grad und binden die Trübstoffe im Kochwasser. Das geronnene Eiweiß steigt als Schaum zur Oberfläche und wird sorgfältig abgehoben. Man benutzt dazu am besten einen siebartigen Schaumlöffel.
Beim Kochen von Bouillons, Saucen und Fonds immer wieder abschäumen.

Aufmontieren
Eine Sauce kurz vor dem Servieren mit kalten Butterstückchen (am besten geht es mit einem Mix- oder Zauberstab) aufschlagen. Dadurch wird die Sauce luftig, und die Butter bewirkt eine leichte Bindung.
Die schaumige Sauce darf auf keinen Fall mehr aufkochen, da sie sonst zusammenfallen würde. Weiterhin kann man ein oder zwei Eßlöffel geschlagene Sahne kurz vor dem Servieren einrühren, um die Sauce noch luftiger zu gestalten.

Blanchieren
Kurzes Abbrühen von Zutaten vor der eigentlichen Zubereitung. Die Nahrungsmittel werden einige Augenblicke in kochendes Wasser getaucht, um sie geschmeidig zu machen, zu säubern und von scharfem Geruch oder aufdringlichem Geschmack zu befreien. Man blanchiert auch, um die Garzeit beim anschließenden Dünsten zu verkürzen.
Die blanchierten Speisen werden zuletzt in eiskaltem Wasser abgeschreckt.

Crème double
Dicke süße Sahne mit besonders hohem Fettanteil. Sie wird gerne zum Anreichern von Saucen verwendet.

Essenz
Für die Herstellung von 1 Liter Essenz benötigt man:

500 g Rinderknochen
250 g Rinderbrust
2 l Wasser · Salz · 200 g Wurzelgemüse (Karotten, Rübchen) · 1 Stange Lauch (nur das Weiße) · 1 kleine Zwiebel
1/8 Sellerieknolle (von einer kleinen Knolle)
1 Thymianzweig · 1 Lorbeerblatt
5 weiße Pfefferkörner

Die Knochen blanchieren, damit Trübstoffe gerinnen und abgewaschen werden können. Das Fleisch waschen und mit den Knochen kalt aufsetzen. Langsam zum Kochen bringen. Abschäumen und leicht salzen. Das geputzte und gewaschene Gemüse in die Brühe geben. Erneut abschäumen und unter Zugabe der Gewürze langsam weiterkochen, bis das Fleisch weich ist.

Für die Klärmasse:
300 g Rinderhesse · 150 g Wurzelgemüse · 1/4 Stange Lauch (nur das Weiße) · 2-3 Eiweiße Salz · 3 weiße Pfefferkörner

Fleisch herausnehmen, die Brühe auf die Hälfte einkochen und anschließend passieren. Erkalten lassen und Fett abschöpfen. Die Rinderhesse parieren und durch die grobe Scheibe des Fleischwolfes treiben. Das Gemüse kleinschneiden und mit dem Eiweiß unter das Fleisch mischen. Mit wenig Salz abschmecken. Diese Klärmasse in die kalte Brühe geben und langsam zum Kochen bringen. 1-2 Stunden ziehen lassen, bis sich die Klärmasse am Boden des Topfes abgesetzt hat. Durch ein Tuch passieren.

Farce
Masse aus feingewiegtem Fleisch, Fisch oder frischem Gemüse, die meistens mit Eiern und Sahne (gelegentlich auch mit in Milch eingeweichtem Weißbrot) gebunden wird. Farcen verwendet man z.B. zur Herstellung von Pasteten und Terrinen, von Klößen und zum Füllen von Geflügel oder zum Bestreichen von Fisch.

Filieren
Meist: Fischfilets mit einem Messer von den Gräten lösen.

Fischfond, s. Fond

Für die Herstellung von 1 Liter Fischfond benötigt man:

1 kg Fischgräten und Köpfe
(z.B. Steinbutt, Seezunge, Barbe, Zander, Wittling; keine fetten Fische)
3 Zwiebeln in feinen Scheiben
1 Bund Petersilie
80 g Fenchel · 1 kleine Stange Lauch
10 cl Olivenöl · 1/2 Lorbeerblatt · 1 Nelke
10 cl trockener Weißwein
100 g Champignonstiele bzw. Abschnitte (falls vorhanden) · 1 1/2 l Wasser

Die Gräten wässern, die Fischköpfe von Augen und Kiemen befreien und in einem Topf anschwitzen, ohne sie zu bräunen. Den Wein hinzufügen und einkochen. Wenn der Wein fast ganz verdunstet ist, das Wasser zugießen und zusammen mit allen übrigen Zutaten aufkochen lassen. Danach köchelt der Sud 20 Minuten auf kleiner Flamme. Immer wieder abschäumen. Durch ein Haarsieb gießen und kalt stellen. Diesen Sud verwendet man zum Pochieren von Fisch und Krebsen.
Zur Verwendung in Saucen reduziert man den Fond nochmals auf ein Drittel. Hierbei auch wieder abschäumen. Die so entstehende Fischglace kann man wie eine Jus portionsgerecht einfrieren.

Fleurons

Kleines Blätterteig-Gebäck zum Dekorieren von Suppen oder Speisen mit viel Sauce. Mit einem Förmchen - meistens Halbmonde - ausstechen oder mit dem Messer zurechtschneiden, mit Eigelb bestreichen und einige Minuten kühl ruhen lassen. Danach bei ca. 200 Grad 10-15 Minuten im Ofen ausbacken.

Fond

Brühe zum Auffüllen von Saucen. Ein Fond kann sowohl von Fleisch, Fisch oder Gemüse stammen.

Geflügelfond

Für die Herstellung von 1 Liter Geflügelfond benötigt man:

1 kg kleingehackte Geflügelkarkassen
100 g gewürfelte Möhren · 2 Zwiebeln
1 Stange Lauch
1 gehackte Knoblauchzehe · 1 Nelke
10 cl trockener Weißwein
2 l kaltes Wasser

Die Geflügelteile zusammen mit dem Gemüse in einen Topf füllen, den Weißwein zugeben und erhitzen. Kochen lassen, bis fast der gesamte Wein verdunstet ist. Dann mit kaltem Wasser auffüllen, die Zwiebeln mit der Nelke hineinlegen und alles auf kleiner Flamme 3 Stunden simmern lassen. Dabei immer wieder abschäumen. Am Schluß wird das gesamte Fett von der Oberfläche abgeschöpft.
Die reduzierte Brühe wird durch ein feines Sieb (am besten eignet sich ein Spitzsieb) gegossen und kalt gestellt. Anschließend kann man den gelierten Fond portionieren und einfrieren.

Gratinieren

Ein Gericht in einer gebutterten Form mit Semmelbröseln oder Käse bestreuen, mit Butterflöckchen belegen und bei großer Hitze überbacken. Es entsteht eine schöne goldbraune Kruste. Man kann auch mit einer speziellen Sauce - etwa mit einer Sauce hollandaise - gratinieren.

Julienne

Feine Streifen von Fleisch, Fisch, Gemüse oder Obst. Je nach Verwendung sollten die Streifen die Stärke eines Streichholzes oder Strohhalmes besitzen. Trüffel schneidet man hauchdünn.

Jus

Eine Jus ist ein dicker Saft, der z.B. beim Braten oder Schmoren von Fleisch und Knochen entsteht. Üblicherweise verdickt man einen Fond zur Jus. Dazu reduziert man ihn vorsichtig auf niedriger Flamme. Dann und wann abschäumen und am Ende kühl stellen. Mit einer guten Jus kommen Aroma, Volumen und Kraft in die Sauce. Jus sollte man immer bereit haben. Praktisch ist es, eine größere Menge davon herzustellen und in portionsgerechten Würfeln einzufrieren.

Kalbsfond, braun

Für die Herstellung von 1 Liter Kalbsfond benötigt man:

2 kg Kalbsrückenknochen
150 g Möhren · 150 g Porree
150 g Zwiebeln · 150 g Sellerie
5 Tomaten · 1/2 l Rotwein
1/2 EL zerdrückte Pfefferkörner
8 Wacholderbeeren
1 Lorbeerblatt · 2 Zehen Knoblauch
2 Zweige Thymian
etwas Öl · 2 l Wasser

Die kleingehackten Knochen mit etwas Öl im Backofen bei scharfer Hitze anbraten. Wenn die Knochen anfangen zu bräunen, das gewürfelte Gemüse dazugeben und weiter bräunen lassen. Dann erst die Tomaten dazugeben und weiter bräunen, bis die Flüssigkeit verdampft ist. Mit Rotwein ablöschen und die Gewürze dazugeben. Bei verringerter Hitze ca. 2 l Wasser angießen und 2 bis 3 Stunden köcheln lassen, dabei immer wieder umrühren. Die Knochen durch ein Sieb abgießen. Den Fond auf 1/3 reduzieren und nach dem Abkühlen entfetten. Man kann ihn in einem verschlossenen Gefäß ca. 14 Tage im Kühlschrank aufheben oder in einer Schale für Würfeleis einfrieren. Die gefrorenen Würfel lassen sich lose in einem Beutel aufbewahren. So hat man immer eine gute Saucenbasis in genau zu portionierender Menge zur Hand.

Kalbsfond, hellbraun

Für die Herstellung von 1 Liter Kalbsfond benötigt man:

1 kg zerhackte Kalbsknochen
500 g Rindersehnen und Fleischabgänge (Parüren)
100 g gewürfelte Karotten
3 gehackte Zwiebeln · 50 g Sellerie
1 gehackte Knoblauchzehe
1 EL Tomatenmark · 1 Kräuterstrauß
10 cl trockener Weißwein
2 l kaltes Wasser

Knochen in Bratentopf legen und im Ofen bei größter Hitzestufe bräunen. Mehrmals wenden, damit die Knochen an allen Seiten Farbe annehmen. Sehnen, Abgänge, Möhren, Zwiebeln, Sellerie und Knoblauch dazugeben und 5 Minuten anschwitzen. Das Gemüse soll nicht braun werden. Tomatenmark hinzufügen und ebenfalls mitschmoren. Mit dem Wein mehrere Male ablöschen, dann mit dem Wasser auffüllen und die Kräuter dazugeben. Alles 4 Stunden bei mittlerer Hitze kochen. Zwischendurch immer wieder abschäumen und das Fett von der Oberfläche entfernen. Danach durch ein feines Sieb gießen, das restliche Fett abschöpfen (damit der Fond nicht erstickt) und kalt stellen.

Kalbsfond, hell

Für die Herstellung von 1 Liter Kalbsfond benötigt man:

2 kg Kalbsrückenknochen
1/4 Kalbsfuß · 200 g Lauch
180 g Möhren · 150 g Sellerie · 150 g Zwiebeln
1 Lorbeerblatt · 10 Pfefferkörner
1 Thymiansträußchen
1 Zweig Rosmarin · 2 l Wasser

Die Knochen mit kaltem Wasser ansetzen und nach dem Aufkochen abschäumen. Dann die kleingeschnittenen Gemüse und Gewürze zugeben und 2 - 3 Stunden köcheln lassen. Durch ein feines Sieb passieren und zum Abfetten kühl stellen. Bei der Herstellung von Fonds vermeidet man das Salzen und Pfeffern, weil durch späteres Reduzieren möglicherweise eine Überwürzung entstehen kann. Auch dieser Fond kann in größeren Mengen hergestellt werden, um dann durch weiteres Eindicken oder Einfrieren haltbar gemacht zu werden.

Karamelisieren

Zucker im Topf goldgelb werden lassen; er darf nicht dunkel werden, weil er sonst bitter würde.

Karkasse

Knochengerüst von Geflügel, Fisch oder Schalentieren.

Klären

(s. Essenz)

Kwaß

Das russische Nationalgetränk. Es wird aus vergorenem Brot gebraut und ist bei uns in Reformhäusern erhältlich.

Lachsmesser

Ein Messer mit langer, besonders biegsamer Klinge und gerundeter Spitze, eignet sich gut für das Schneiden von gebeiztem Lachs.

Läuterzucker

Gesättigte Zuckerlösung. Zu ihrer Herstellung kocht man 1 1/4 Teile Zucker in 1 Teil Wasser auf.

Parieren

Überflüssiges Fett, Haut, Knorpel und Sehnen mit einem scharfen Messer vom Fleisch lösen.

Parüren

Abgänge wie Haut, Sehnen, Knochen, Gräten etc., die beim Parieren anfallen, werden beim Ansetzen von Fonds oder Jus verwendet.

Pochieren

Nahrungsmittel in heißer, aber nicht kochender Flüssigkeit garziehen lassen. Die Flüssigkeit muß dabei stets unter dem Kochpunkt gehalten werden.

Reduzieren
Flüssigkeit, meist eine Bouillon oder Sauce, durch Einkochen im Volumen verringern. Die Reduktion ist die eingedickte und konzentrierte Flüssigkeit. Beim Reduzieren niemals den Deckel auf den Topf legen.

Rinderbrühe
(s. Essenz)

Sautieren
Fleischstück in der Pfanne bei großer Hitze rasch anbraten. Beim Sautieren schließen sich die Poren, und das Fleisch bekommt eine schmackhafte braune Kruste.
Auch Gemüse und Teigwaren können sautiert werden - d.h. sie werden in Butter, Sahne oder Sauce auf großer Flamme rasch angeschwenkt.

Schweinenetz
Fettschicht, die den Magen des Schweines umgibt. Vor seiner Verwendung muß das Schweinenetz gründlich gewaschen und anschließend ca. 2 Stunden gewässert werden.

Soufflieren
Eine Farce oder eine spezielle Masse in einem ausgebutterten, hitzebeständigen Förmchen im Wasserbad (am besten in der Backröhre) garen. Dabei entwickeln sich in der Masse Dämpfe, die diese aufgehen lassen. Das Eiweiß gerinnt und schließt die Luft im Gargut ein - so erhält man ein luftig-lockeres Gericht, das sofort serviert werden muß.

Tournieren
Zurechtschneiden von Gemüse in gleichmäßige, gefällige Stücke. Möhren, Teltower Rübchen, Sellerie, Kartoffeln etc. werden zumeist in eine etwa weintraubengroße Form gebracht. Zum Ausschnitzen benutzt man am besten ein leicht gebogenes Tourniermesser.

Vinaigrette
Sauce aus Weinessig, Öl, Pfeffer und Salz. Man kann diese Salatmarinade mit Kräutern, jeweils verschiedenen Ölsorten und ein wenig Senf angenehm verfeinern.

Wildfond
Für die Herstellung von 1 Liter Wildfond benötigt man:

1 kg Wildknochen · 500 g Parüren
1 Möhre · 1 Zwiebel
2 Schalotten · 1/4 Sellerieknolle
3 Wacholderbeeren · 6 grüne Pfefferkörner
1 Lorbeerblatt · 1 EL Tomatenmark
30 cl Rotwein · 2 l Wasser · 10 cl Öl

Die Knochen klein hacken und mit den Parüren in Öl braun anbraten. Dann das Gemüse 10 Minuten mitrösten lassen. Tomatenmark dazugeben und mit Rotwein und Wasser ablöschen. Die Gewürze dazugeben und 2 bis 3 Stunden köcheln lassen. Durch ein Sieb geben und so lange reduzieren, bis die gewünschte Konsistenz erreicht ist.

Zur Rose aufschlagen
Auch: «Zur Rose abziehen» oder «Zur Rose abrühren». Eine Masse so lange schlagen, bis der Schneebesen eine rosenförmige Spur auf der Oberfläche hinterläßt; wenn die «Rose» nicht gleich wieder zerläuft, hat die Masse die richtige Konsistenz.

WEINGLOSSAR

Arbois blanc, Cépage Savagnin, Jura

Mitten im Anbaugebiet des Jura liegt das aus Holz und Ziegelsteinen erbaute Arbois. Die weißen Weine aus der Heimatstadt Louis Pasteurs sind rassig und trocken. Der Cépage Savagnin ist ein ausgeglichener und aromatischer Tropfen von der spät zur Reife gelangenden Savagnin-Traube.

Armagnac Folle Blanche, Château de Tariquet

Die schwarze Steineiche der Gascogne liefert nicht nur die Fässer zur jahrelangen Reifezeit, sondern auch Würze, Duft und die charakteristische Bernsteinfarbe zu diesem umwerfenden Schlußakkord.

Bandol Rosé, Moulin des Costes, Provence

Westlich von Toulon, in unmittelbarer Nähe des Meeres, liegt Bandol. Bereits die Phönizier legten hier Weinberge an. Dort wachsen die besten Weine der Provence. Der kräftige Bandol Rosé paßt kellerkühl gut zu hellem Fleisch und Kalbsbries.

Bandol Rouge, Moulin des Costes, Provence

Dieser Wein von der spanischen Mataró-Rebe muß achtzehn Monate in Eichenfässern lagern. Die Gebrüder Bunan produzieren auf Moulin des Costes einen robusten Rotwein mit harmonischem Tannin.

Banyuls Grand Cru, Roussillon

Unter freiem Himmel in kleinen Fässern gelagert gewinnt dieser berühmte Dessertwein sein ausdrucksstarkes Fruchtaroma.

Cassis Blanc, Clos St.Madelaine, Provence

Dieser lebendige Cassis harmoniert sehr gut mit Früchten aus dem Garten Neptuns - mit der kräftigen Bouillabaisse ebenso wie mit einem feinen Fischgericht.

Chablis 1er Cru, Montée de Tonnerre, Chablis, Burgund

Chablis im Département Yonne ist ein Überbleibsel des einst größten Weinbaugebietes von Frankreich, das den täglichen Weinbedarf der Bürger von Paris stillen mußte. Mit dem Eisenbahnbau gewannen die Weine aus dem Midi die Oberhand, und ein Großteil der Anbaufläche rund um Auxerre wurde anderweitig genutzt. Der Chablis aber geriet seiner besonderen Klasse wegen nie in Gefahr - im Gegenteil, die süffige Frische, der fruchtige Duft und der subtile Mineralton haben diesen weißen Burgunder weltberühmt gemacht. Der 1er Cru von Montée de Tonnerre, der von insgesamt vier Lagen stammt, zeichnet sich durch sein körperreiches Bukett und angenehme Säure aus. Er kann sehr jung getrunken werden - dann ist seine Farbe blaßgelb mit einem Stich ins Grüne und sein Geschmack ein wenig kernig. Nach acht bis zehn Jahren Lagerung ist er ein Erlebnis.

Chablis Grand Cru, Valmur, Chablis

Dieser Chablis besitzt einen kräftigen Körper, der durch sein edelzartes Bukett wundervoll bereichert wird.

Chambolle-Musigny, Côte de Nuits, Burgund

Die Côte de Nuits, benannt nach dem größten Weinbauort Nuits-Saint-Georges, ist der schmale nördliche Ausläufer der Côte d'Or. Auf einer Rebfläche von ca. 1500 ha gedeihen kraftvolle Rotweine aus der Pinot-Noir-Traube. Sie reifen relativ langsam, sind gut haltbar und gewinnen ein irisierend funkelndes Rot. Unter den großen Tropfen dieser Weinberge nimmt der Chambolle-Musigny eine Sonderstellung ein: Er habe «den Duft eines betauten Gartens, von Rosen und Veilchen in der Morgendämmerung», schwärmt der bedeutende Weinkenner Gaston Roupnel.

Champagne Blanc de Blancs Brut Cramant, Champagne

Ein Champagner wird gewöhnlich aus weißen und blauen Trauben gekeltert - ein Blanc de Blancs jedoch ausschließlich aus weißen Trauben. Der körperreiche Cramant (nicht zu verwechseln mit Crémant) ist eine Cuvée von Spitzenlagen der Côte des Blancs.

Champagne Blanc de Noirs, Bouzy, Champagne

Dieser Champagner ist nur aus dunklen Trauben hergestellt. Er besitzt nicht ganz die heitere Leichtigkeit des Blanc de Blancs, gilt manchen - bei allerdings gleichem Alkoholgehalt - als mächtiger und wird, sofern die Kenner nicht aussterben, immer Liebhaber finden.

Champagne Œil de Perdrix, Bouzy, Champagne

Die feinen Reflexe auf der Oberfläche des fruchtig-spritzigen Champagners sollen an das hellrote Auge des Rebhuhns erinnern.

Champagne Rosé, Bouzy, Champagne

Nur ein ganz geringer Prozentsatz der Champagnerproduktion entfällt auf den Rosé, der von einer kleinen - allerdings zunehmenden - Schar von Kennern geschätzt wird. Hergestellt wird diese Rarität durch die Zugabe von rotem Wein, der naturgemäß aus der Champagne stammen muß. Der Champagne Rosé aus Bouzy ist überaus elegant, weinig ausgewogen und besticht mit interessanter Nase.

Château de Haute-Serre, Cahors, Jurançon

«Ich war noch ein Mädchen, als der Prinz mir begegnete: aufrüttelnd, gebieterisch, trügerisch wie alle großen Verführer - der Jurançon», schrieb die Colette. Dem ist nichts hinzuzufügen.

Château de Laynes, Saint-Véran, Mâconnais

Man kann diesen trockenen, sacht würzigen Weißwein sehr gut zu Kalbfleisch oder Fisch mit sahnigen Saucen trinken. Er ist im Sommer auch als Aperitif ein Vergnügen.

Château la Tour Martillac, Graves sec, Bordeaux

Die eiszeitlichen Pyrenäengletscher hinterließen am linken Ufer der Garonne einen stark mit Kies, Lehm und Sand durchsetzten Boden, der für die Spitzenqualität der Weine von Graves mitverantwortlich ist. Der rare weiße Château la Tour Martillac des Weinliebhabers Jean Kressmann ist vollmundig, mild und freundlich.

Château Maucaillou, Moulis, Bordeaux

Frucht, Gerbstoff und Säure stehen bei diesem tiefen Wein in besonders harmonischem Verhältnis. Ein Château Maucaillou kann es jederzeit mit einem Cru Grand Bourgeois aufnehmen!

Château Raymond Lafon, Sauternes, Bordeaux

Die Beeren für diesen Cru Bourgeois gewinnen im herbstlichen Mikroklima von Sauternes durch Edelfäule höchstes Mostgewicht. Im Château Raymond Lafon werden sie mit größter Sorgfalt zu einem kräftigen und stilvollen Dessertwein ausgebaut.

Château Couvent-des-Jacobines Grand Cru Classé, St. Emilion, Bordeaux

Dieser außergewöhnliche Tropfen ist Philosoph und Draufgänger zugleich! Er präsentiert den kräftigen Bordeaux-Ton besonders mild.

Châteauneuf-du-Pape Blanc, Domaine de Terre-Fermé, Côtes du Rhône

Nur ein Prozent der Gesamtproduktion des Chateauneuf-du-Pape entfällt auf Weißwein. Deshalb ist dieser betont trockene und fruchtige Wein selten zu haben.

Châteauneuf-du-Pape Rouge, Domaine de Terre-Fermé, Côtes du Rhône

Ein gleichsam männlicher Wein mit kräftigem Tanninrückgrat und entfaltungsfreudigem Bukett. Sehr gut zu herzhafter Kost.

Cognac 1er Cru, Marcel Ragnaud

Ein reiner Akkord aus samtweichem Feuer! Individuell und voller Finesse.

Côte Rôtie, Rhône

Ein Côte Rôtie vom rechten Ufer der Rhône braucht fünf bis acht Jahre, bis er sein zwischen Veilchen und Himbeeren changierendes Aroma voll entfaltet hat. Dann ergänzt die Geschmacksfülle dieses harmonischen Rotweins sehr gut einen Gang mit kräftig Gebratenem.

Coteaux du Layon, Anjou

Dieser würzige Chenin Blanc von edelfaulen Beeren ist ein besonderer Genuß. Der reiche, volle, beinahe karamelsüße Körper des weißen Dessertweines mit einem Alkoholgehalt von 13 - 16 % bildet den harmonischen Abschluß eines anspruchsvollen Menüs.

Crozes-Hermitage Rouge, Côtes du Rhône

Ein tiefdunkler Wein aus der Syrah-Traube. Herrliches Himbeerbukett mit Anklängen von wildem Hagedorn.

Gamay de Chautagne, Côte de Savoyen

Die bekannte Beaujolais-Traube ist nach einem Weinort an der Côte d'Or benannt; sie gedeiht jedoch weiter im Süden auf luftigen Böden bedeutend besser. Der Gamay de Chautagne ist ein unkomplizierter Tischwein mit überraschend komplexem Geschmack.

Gewürztraminer Grand Cru, Brand, Elsaß

Der Gewürztraminer hat das Ansehen des elsässischen Weines entscheidend geprägt. Würzige Frische und Weinigkeit bestimmen diesen Grand Cru. Sein gewissermaßen deutsches Erbe ist der breite Körper, sein französisches die fruchtige Eleganz. Mit dem Gewürztraminer von Brand läßt sich auf wohltuende Weise ein Abend beschließen.

Gigondas, Cuvée du Président, Côtes du Rhône

Im Süden der Côte du Rhône gedeiht ein eigenwilliger Rotwein mit feurig leuchtender Farbe und gewaltiger Kraft: der Gigondas. Nach ca. 18 Monaten Faßreife wird er abgefüllt und erreicht seine beste Trinkreife mit sechs Jahren. Der Gigondas Cuvée du Président ist ein ausdrucksstarker Begleiter zu Wild.

Hermitage Blanc, Côtes du Rhône

Dieser trockene und erdige Wein von der nördlichen Rhône paßt ausgezeichnet zu Schalentieren oder Fisch. Man sollte ihn nicht allzu kalt trinken.

Jurançon Moelleux, Domaine Couhapé, Jurançon

Frankreichs großer König Henri IV., der jedem Franzosen sonntags sein «Huhn im Topf» gönnte, soll mit dem Jurançon bereits vor der Muttermilch in Berührung gekommen sein: nach seiner Geburt 1553 in Pau wurden der Legende nach seine Lippen mit Jurançon befeuchtet und mit Knoblauch bestrichen. Der liebliche wie starke Jurançon Moelleux, der an heißen Tagen und frostigen Nächten zu später Reife gelangt, ist ein geheimer Verführer!

Jurançon sec, Coteaux du Layon, Jurançon

Im Unterschied zum lieblichen Moelleux ist dieser Jurançon sec im Alter von drei Jahren noch etwas kantig, gewinnt jedoch mit den Jahren feine Harmonie. Der würzige Duft dieses bernsteinfarbenen Weins klingt an Zimt an. Zur Begleitung eines Fischganges sollte er jung getrunken werden.

Lalande de Pomerol, Bordeaux

Der auf festem Lehm mit Metalleinschlüssen wachsende Pomerol gehört in seinen besten Lagen zwar nicht in den ersten Rang der Bordeauxweine, aber sein fruchtiger Duft und ein recht weicher Geschmack mit einem Anflug von Raffinesse haben ihn Jahr für Jahr beliebter gemacht. Lalande de Pomerol liegt nur wenig weiter nördlich von Pomerol und erzeugt gleichwertige Weine, die allerdings im Preis günstiger liegen. Besonders die Festigkeit dieses Tropfens macht ihn zu einem angenehmen Begleiter kräftiger Gerichte. Der Lalande de Pomerol ist der Aufsteiger der letzten Jahre.

Mâcon-Villages, Mâconnais, Burgund

Das südliche Burgund um die Weinmetropole Mâcon ist vor allem für seine Weißweine von der Chardonnay-Traube - Frankreichs edelster Rebe - berühmt. Der Mâcon-Villages ist voller Frische und Frucht, mit delikatem Bukett und bringt zudem eine Spur Würzigkeit mit. Dieser heitere Wein trinkt sich vorzüglich zu Vorgerichten vom Fisch oder Krebsen.

Madiran Rouge, Domaine Laplace, Armagnac

Der Madiran ist in Deutschland wenig bekannt. Er beeindruckt zunächst mit Härte, entfaltet Struktur und Persönlichkeit und besänftigt mit mildem Abgang.

Mercurey Blanc 1er Cru, Les Ormeaux, Côte Chalonnaise

Weißwein wird in diesem Teil des südlichen Burgund bedeutend weniger erzeugt als Rotwein; dennoch gedeiht auf dem tiefen und luftigen Boden ein spritziger Mercurey Blanc. Sein 1er Cru paßt gut gekühlt ausgezeichnet zu Austern, Hummer, Muscheln oder Fisch.

Mercurey, 1er Cru, Clos de Corvée, Côte Chalonnaise, Burgund

Über Jahrhunderte hinweg war es still geworden um den Weinbau der Côte Chalonnaise. Zur Zeit der Römer war Chalon-sur-Saône, das heute abseits der nach ihr benannten Weinbauregion liegt, ein bedeutsamer Umschlagplatz für Weine vom Wasser- auf den Landweg. Dies belegt u.a. ein Fund von 25 000 Amphoren in der Saône. In den letzten Jahren hat eine Zahl von Rotweinen der Gegend, die im Süden an die weitaus bekanntere Côte d'Or anschließt, wieder an Profil gewonnen. Besonders der Mercurey mit seinem kräftigen Körper und der zarten Blume gehört dazu. Von ihm werden im Jahr ca. 15 000 hl erzeugt, neun Zehntel davon als Rotweine. Die Spitzenweine der Côte Chalonnaise - darunter der Mercurey 1er Cru von Clos de Corvée - werden wegen ihrer Feinheit von Kennern gerne mit einem Côte de Beaune-Villages verglichen.

Morgon Charmes, Beaujolais

Der Beaujolais ist ein leichter und lebendiger Wein. Dies wie auch sein typischer Traubengeschmack sind für seinen Erfolg verantwortlich, wenngleich die meisten Beaujolaisweine guten Ansprüchen nicht gerecht werden. Der außergewöhnliche Morgon Charmes unterscheidet sich deutlich von den umliegenden Lagen. Der Schieferboden von Morgon bringt einen vollmundigen Wein hervor, bei dem sich fruchtige Kraft und Grazie glücklich paaren. Sein Duft erinnert an wilde Kirschen, Johannisbeeren und Aprikosen.

Muscadet Sur Lie, Sèvre et Maine, Loire

Die Muscadet-Traube reift auf kargem, steinigem Boden rasch heran. Im Gebiet von Sèvre et Maine südlich von Nantes liegen gut drei Viertel der gesamten Anbaufläche dieser beliebten Traube. Von hier kommt auch die Spezialität Sur Lie. Dabei handelt es sich um einen frühen Flaschenabzug wenige Monate nach der Gärung direkt von der Hefe. Dieser feinrassige, ausgeprägt trockene Weißwein ist weder gefiltert noch geschönt und verströmt deshalb einen zartblumigen Duft mit dezentem Holzton im Hintergrund. Kalt getrunken gewährt er ein unbeschwertes Vergnügen.

Muscat d'Alsace Grand Cru, Elsaß

Ein trockener, sauberer Wein aus der süßen Muskatellertraube. Leicht und frisch.

Muscat de Beaumes de Venise, Côtes du Rhône

Der aromatische Süßwein aus dem gleichnamigen Ort verzaubert durch unaufdringliche Natürlichkeit.

Pernand-Vergelesses, Côte de Beaune, Burgund

Die Côte de Beaune reicht von einigen Weinbergen der Gemarkung Pernand-Vergelesses bis hinab nach Santenay und umfaßt zwanzig Weindörfer. In Pernand-Vergelesses werden vor allem Rotweine erzeugt, deren fünf Grand Cru-Lagen zum höchsten burgundischen Adel gehören. Die ca. 140 ha Rebfläche neigt sich - anders als die übliche Ost-Exposition der burgundischen Weinhänge - nach Westen und erbringt einen samtigen Wein voller Glut und Farbe.

Pommard Rugiens, Côte de Beaune, Burgund

Eisenrot ist der Boden des Weingartens von Les Rugiens. Hier wächst der beste Pommard, ein energischer, charaktervoller Wein von tiefroter Farbe und mit einem nachhaltigen Abgang. In der Vergangenheit hat der Ruf des Pommard gelitten - diesen leicht eingängigen Namen trugen weit mehr Weine, als auf der 340 ha großen Anbaufläche erzeugt wurden. Seit die Appellations-Gesetze wieder mit Strenge angewandt werden, entspricht der Pommard wieder seinem ehemaligen Renommee, das ihn zum vielleicht bekanntesten Burgunder gemacht hat.

Riesling Grand Cru, Brand, Elsaß

In Sprache und Kultur wie auch beim Wein hat sich das Elsaß nie ganz von Deutschland gelöst. Von der Begegnung mit dem romanischen Kulturkreis hat die elsässische Weinbereitung profitiert. An der zum Rhein geneigten Flanke der Vogesen wachsen zwar dieselben Trauben wie auf der anderen Rheinseite - allerdings werden sie auf französische Weise vinifiziert. Der Riesling Grand Cru von Brand ist voll ausgegoren und ohne Zugabe von süßem Traubenmost auf Flaschen gezogen. So entsteht ein kernig-trockener Wein, der zugleich mit fruchtiger Rasse aufwartet. Gut gekühlt kann man ihn zu Fisch sowie kleineren Zwischengerichten trinken.

Rivesaltes Blanc, Roussillon, Pyrénées Orientales

Die kalkhaltigen Böden des ans Mittelmeer und an Spanien stoßenden Roussillon bringen vornehmlich trockene, süffige Weine hervor. Südliche Sonne, salzhaltiger Wind vom Meer und eine sorgsame Weinbereitung machen den weißen Dessertwein Rivesaltes Blanc zu einem hervorragenden Vertreter seiner Region.

Sancerre, Clos du Chêne Marchand, Loire

Der Sancerre wird am Oberlauf der Loire aus der Sauvignon-Rebe gewonnen. Gegenüber dem Chablis, den er bei manchen Gelegenheiten ersetzen muß, fehlt es ihm etwas an Harmonie und Finesse, dafür besitzt er ein geradlinigeres Aroma, einen reintönigen, sortentypisch rauchigen Duft und belebende Säure, die ihn zu einem wunderschönen Begleiter zu allen Arten von Fischgerichten machen.

Tavel, Château d'Aqueria, Côtes du Rhône

Von einem kargen Hochplateau über dem rechten Ufer der Rhône stammt ein traditionsreicher trockener Rosé. Neun Rebsorten sind zur Erzeugung des körperreichen Tavel zugelassen, der, in einem besonderen Verfahren hergestellt, eine herrliche rubinrot schimmernde Farbe bekommt. Der Komödiendichter Racine empfahl, sich hin und wieder ein Fläschchen davon zu gönnen. Den Tavel trinkt man am besten jung und kühl zu hellem Fleisch und Geflügel.

Vouvray Demi-Sec, Vin Pétillant, Loire

An der Loire werden vor allem Weißweinreben angebaut, deren beste ohne Zweifel der Chenin Blanc ist. Der Vouvray Demi-Sec von dieser Traube ist ein rassiger Schaumwein mit einem mild-harmonischen Geschmack, der ihn zu einem idealen Begleiter des Desserts werden läßt. Der Überlieferung zufolge geht der Weinbau in Vouvray auf den heiligen Martin zurück. Im 4. Jahrhundert soll der Heilige den jungen Wein in den Knochen eines Vogels, eines Löwen und eines Esels gesetzt und so auf den Hügeln von Vouvray angepflanzt haben. Im Jahr darauf ernteten die Vouvrillons drei Weine: Beim Genuß des ersten sangen sie wie die Vögel, beim zweiten wurden sie stark wie die Löwen und beim dritten schrien sie wie die Esel.

«Y» de Château d'Yquem, Sauternes, Bordeaux

Das Château d'Yquem ist unter den Weingütern von Sauternes ohne Zweifel das erste und gewiß auch in der Weinbereitung sorgfältigste. Hugh Johnson, der große britische Weinconnaisseur, spricht gar von einem «Monument aristokratischer Kunstfertigkeit». Der weiße «Y» ist eine Seltenheit; er wird Beere um Beere mit der Hand gelesen und aufwendig in Barriques ausgebaut. Er besitzt Lebendigkeit und trockene Noblesse, die ihn zu einem wahrhaft großen, kostbaren Wein machen. Legendär ist der Jahrgang 1972!